绘制关键岗位学习地图

李 锦 ◎ 著
李京泽 ◎ 绘

中华工商联合出版社

图书在版编目（CIP）数据

绘制关键岗位学习地图 / 李锦著；李京泽绘图. --
北京：中华工商联合出版社，2023.8
（培训经理枕边书；2）
ISBN 978-7-5158-3732-1

Ⅰ.①绘… Ⅱ.①李… ②李… Ⅲ.①企业管理–职工培训 Ⅳ.①F272.921

中国国家版本馆CIP数据核字（2023）第146133号

绘制关键岗位学习地图

作　　者：	李　锦
出 品 人：	刘　刚
责任编辑：	吴建新　关山美
装帧设计：	张合涛
责任审读：	郭敬梅
责任印制：	迈致红
出版发行：	中华工商联合出版社有限责任公司
印　　刷：	北京毅峰迅捷印刷有限公司
版　　次：	2023年9月第1版
印　　次：	2023年9月第1次印刷
开　　本：	710mm×1000 mm　1/16
字　　数：	216千字
印　　张：	16.25
书　　号：	ISBN 978-7-5158-3732-1
定　　价：	56.00元

服务热线：010-58301130-0（前台）
销售热线：010-58302977（网店部）
　　　　　010-58302166（门店部）
　　　　　010-58302837（馆配部、新媒体部）
　　　　　010-58302813（团购部）
地址邮编：北京市西城区西环广场A座
　　　　　19-20层，100044
http://www.chgslcbs.cn
投稿热线：010-58302907（总编室）
投稿邮箱：1621239583@qq.com

工商联版图书
版权所有　盗版必究

凡本社图书出现印装质量问题，
请与印务部联系。
联系电话：010-58302915

感恩致谢

孙卫珏先生（Frank）

第一次遇见孙先生是在入职时代光华的问询会上，他作为公司创始人与总裁带领九个相关部门负责人组成的专家组对我进行最后一轮的入职问询，别开生面的场景犹如昨天。睿智、稳重的Frank先生是当之无愧的前辈，在我心目中更是一位和蔼可亲的师长。也因此次面试，我才有机会为国内500强中过半的企业提供培训的落地服务，优质的客户资源为这套丛书的原始资料积累起到了不可磨灭的作用。

提及先生与时代光华，唯有感恩。

徐民鹰院长

徐院长是我在赴德国莱茵兰普法尔茨州参加职业教育培训期间的带队团长，更是实至名归的导师。作为高等"教育管理与研究"的研究员，徐院长曾多次组织和负责北京市高等职业教育多项研究和师资培训项目，并多次带领团队赴德国、英国、爱尔兰、新加坡、新西兰等国家研究现代职业教育理论与实践。徐院长对待工作的态度极其严谨，重实践的同时更注重科学的理论支撑与依据。我在编写本套图书时，他给予我诸多中肯的意见。在徐院长的指导下与其技术合作的十余年，我在职业生涯中养成心中常念"紧箍咒"的习惯，以敬畏之心对待工作中的点点滴滴。

王燚

　　王燚是北京师范大学教育学硕士，外表虽文静，在工作中却像名字中所含的四个火字，难以掩饰的冰雪聪明与出类拔萃。难能可贵的是，当面对工作中的技术难题时，她总能及时并精准地提出综合意见与独到见解，这些都如一颗一颗的小星星在这套丛书的每个角落闪闪发光。与王燚的并肩合作酣畅淋漓。这位集才华与美貌于一身的姑娘，是一位弥足珍贵的宝藏队友。

李京泽

　　她是小小插画师，之所以称之为"小"，因为她是我的女儿，从小喜欢涂鸦，但让我感到愧疚的是在她考入大学之前作为家长没能正视她的喜好与意愿，更没有提供给她太多的学习机会。万幸的是，女儿凭借着不懈努力与坚定信念考入四川美术学院美术教育专业，学她所爱。当得知我在编写此套丛书时，作为大二学生的她果敢地承担了全部插画工作。图书中出现的脸上带有雀斑的"阿文老师"以及发型拽酷的"销售大金"等人物形象，都是她坚守创意的结果，虽稚嫩且还有很大的成长空间，但阻挡不了我对她最温柔的感谢。作为母亲感谢她承受了我的不完美、感谢她教会我不负青春的勇敢追求。

前 言

围绕企业绩效提升进行培训内容体系建设，本丛书包括两册内容：《开发一门场景化课程》与《绘制关键岗位学习地图》，内容覆盖从组织的培训内容体系规划设计到后期的落地实施中的主要环节。为了落地性与实用性，这套书经过多个相关项目、产品、公开课、沙龙等，历时三年的打磨与迭代，直到2023年才得以出版，只是希望不留太多遗憾，无论是否能提供正向的参考价值引发思考，为培训事业的前进提供一份可剖析的文字资料也是好的。

为什么要编写这套丛书

为什么要编写这套丛书呢？我常年为大型组织提供培训内容体系建设工作，发现一个非常尴尬的痛点问题：很多组织为员工绘制了人才发展的学习地图，但在后期却落不了地，因为各种原因，绘制完的学习地图被"拧巴"地推进，有的不了了之，有的被束之高阁。

问题出在哪里呢？是企业没有重视吗？是培训负责人没有担当吗？从笔者的角度看，以上都不是。为重点人群绘制学习地图只是开始，后期还要整合培训资源、设计学习项目甚至需要自行开发培训课程并实施培训再评估效果，是一项闭环的且环环相扣的工作。每个环节执行不到位都会影响到学习地图的落地效果，因此，把失败原因归咎到"绘制学习地图"这一个环节是不精准的，也是不公平的。

搭建企业人才培养内容体系大致有三个阶段，分别是人才发展规划、整合培训资源、输出培训内容，这三个阶段的工作即是一个整体又有接力完成的关系。一般来说，企业人才培训体系建设是一个包含内外调节因素的闭环系统。

阶段1：人才发展规划

这个阶段是为组织中的重点人群，比如关键岗位序列，或某一个群体例如核心管理层、后备干部、新入职员工，或整个组织、集团，绘制完整的学习地图，为这些群体指明人才成长路径、设计学习项目。规划设计阶段是非常重要的，它为企业人才培养设定了目标、指明了方向。

阶段2：整合培训资源

根据"人才发展规划"阶段的目标整合内外部的培训资源，首先从第三方，比如供应商以及标杆企业获得标准的且经过验证的培训资源，然后提炼内部优秀员工的工作经验转化为组织经验，作为"独有"的培训资源。其中，内部的知识沉淀是企业文化传承的必须动作，往往也是组织立足于市场的"护城河"。

阶段3：输出培训内容

这个阶段是延续"整合培训资源"，将内外部培训资源输出转化为"可学"和"可用"的培训与学习的资料，比如用于员工培训的精品课程、经典案例，比如辅助员工工作的岗位手册、标准流程、工作规范等工具。

培训负责人很难把控学习地图从绘制到落地实施的完整流程。承担以上工作的第一责任人通常是组织中的培训负责人，他们在实际工作中承担着成千上万甚至数十万员工的培养任务，很难凭一己之力完成三个阶段的全部工作，因此需要组织撬动更多的人参与进来一起完成，比如培训机构、

| 前 言 |

培训专家，但在每个阶段这些机构与专家理论依据不同、目标不一致、成果标准也不统一，因此这个"接力赛"跑了一圈下来，发现有的跑错了赛道，有的甚至搁浅，也就在意料之中了。

基于以上原因，笔者希望通过多年工作经验的积累，特别是百余家大型组织已经被验证过的行之有效的理论、路径、方法、工具以及大量的经典案例，包括已经触碰的"雷区"以及踩过的"坑"，一并分享给培训行业的同仁。特别强调几点：

- 第一点：作为整体综合考虑。"绘制学习地图"只是人才培训内容体系建设的一个环节，不是独立的，必须综合考虑后期所有环节的落地性并且体现到规划设计中的相应细节才能保障落地性与有效性。
- 第二点：有钱花在刀刃上。将精力和时间集中到重点人群上，以组织中的"关键岗位序列"为焦点绘制人才发展学习地图，掌握了一个关键岗位序列的路径与方法，可以复制并覆盖到多个关键岗位序列、职能岗位序列，甚至组织中的全体。
- 第三点：练好基本功。如果把搭建组织的培训内容体系建设作为一个宏观的"大工程"，那么开发一门课程、一个案例，甚至是一门小微课都是不可或缺的最基本的工作，尤其需要掌握一个知识点、一个技能点的萃取与描述，练好扎实的基本功才能保障"大工程"的整体质量。

两本书的关系

为什么要编写两本书，这两本书有什么关系？

搭建企业人才培养内容体系大致有三个阶段，分别是人才发展规划、整合培训资源、输出培训内容。

- 第一个阶段"人才发展规划"的重点工作是为目标员工绘制学习地图、第二个阶段"整合培训资源"的主要工作是整合内外部的培训资源，特别是提炼萃取组织内部优秀员工的工作经验，基于以上这两个阶段编写了《绘制关键岗位学习地图》一书。

✓ 第三个阶段"输出培训内容"的重点工作是开发培训用的课程、案例，以及辅助工作的岗位手册、标准流程等，其中重中之重是开发课程与案例。基于该阶段的目标编制了《开发一门场景化课程》一书。该书的主要内容包括两部分：一部分是介绍课程开发的基本流程：课程选题、内容萃取、教学设计、编写脚本；第二部分根据3～5分钟的小微课、45分钟时长的大课程以及案例的特征进行针对性的要点讲解。

这两本图书在目标以及内容上边界清晰，相互独立，作为系列丛书对组织的培训内容体系建设提供了整体的解决方案与实施意见。

李锦（阿文）

2023年3月

目 录

第一部分　知识铺垫

第一章　对企业培训的认知 ·· 003

第二章　初识学习地图 ·· 008

　第一节　学习地图相关概念 ·· 008

　第二节　学习地图的作用 ·· 020

　第三节　谁来绘制学习地图 ·· 022

第三章　了解能力素质模型 ·· 026

　第一节　能力素质模型起源及发展 ······································ 026

　第二节　能力素质模型定义及作用 ······································ 032

　第三节　能力素质模型的应用实践 ······································ 035

　第四节　能力素质模型的误区 ·· 041

第二部分　绘制关键岗位学习地图

第一章　聚焦关键岗位 ·· 050

　第一节　聚焦关键岗位 ·· 050

　第二节　规划人才发展通道 ·· 059

　第三节　明确输出结果 ·· 065

第二章　为关键岗位建立能力素质模型···068
第一节　为关键岗位敏捷建模···068
第二节　开发能力素质项···076

第三章　绘制关键岗位学习地图···102
第一节　梳理工作任务···103
第二节　提炼学习项目···154
第三节　可视化学习地图···169

第三部分　关键岗位的组织经验萃取

第一章　任务化梳理···182
第二章　场景化重现···184
第一节　依据流程重现场景···190
第二节　寻找要素重现场景···191

第三章　细节化挖掘···203
第一节　萃取专业知识···205
第二节　萃取关键行为···207
第三节　萃取挑战情景···211
第四节　匹配辅助工具···213
第五节　输出知识清单···219
第六节　案例分享···219

第四章　工具化输出···226
第一节　精品课程···227
第二节　经典案例库···231
第三节　岗位操作手册与工作流程···235
第四节　辅助工具箱···241

第五章　专业化审核···242

参考文献···245
后　　记···246

第一部分

知识铺垫

第一章　对企业培训的认知

从人才竞争到企业培训

在经济全球化的今天，随着科技创新浪潮的发展，新知识、新技术、新规范不断更新，组织间的竞争不再单独依靠资本投资等传统方法，而是通过组织长远战略规划和加大人才培养力度，建设人才队伍推动创新，提高组织竞争力。为此，组织中的培训至关重要，唐代政治家魏徵在《谏太宗十思疏》中写道："求木之长者，必固其根本，欲流之远者，必浚其泉源"。企业培训，正是组织人才发展的根本和源泉。

企业培训是组织旨在提高员工能力和素质而开展实施的有计划的系统的培养活动，通过丰富或更新员工知识、提升员工技能、改善员工工作方法和工作态度，达到复制人才数量、提升人才质量的目的，发挥员工最大潜力，提高个人业绩，满足组织业务发展需要，支撑组织战略落地，从而推动组织和个人不断进步实现双重发展。

企业培训意义

企业培训是解决问题的有效途径，能够改善员工的行为。培训是建立优秀企业文化的标杆，强化组织的共同价值观。

企业培训是推进组织战略落地的有效途径，可以将组织高层对战略和业务的规划传达给员工，引导员工将个人行为和组织目标达成一致。同时，企业培训作为文化的塑造工具，向上承接组织战略文化，强化组织价值观的作用。

企业培训是学习型组织的本质特征，是给与员工的软待遇，而这种软待遇经常是很多员工判断职场价值的重要甚至是首要依据。能够在组织中成才，有时才是对员工忠诚度的最大激励。

企业培训难点

组织投入人力、精力、物力对员工进行培训，提升员工素质改善公司绩效获得投资收益，从投资和收益的角度考虑，员工培训转化为产出是一个长期而漫长的过程，是全员性的全方位贯穿员工职业生涯的系统工程。如何实现培训的高效益是组织培训管理的重要内容。

在传统培训体系中，组织投入"人财物"进行培训，培训管理者围绕需求调研，设计培训项目，组织培训班，最终培训成果以年度汇报形式归档入资料库，这种"为了培训而培训"的模式，成果落地难，转化难，无法转化员工行为和认知，也无法批量复制关键人才。

松下幸之助有一段精彩的话："松下电器公司是制造人才的地方，兼而制造电器产品。"培训从业者需要适当转变思维，从关注"多少人参加培训""开展了几期培训班"转变为更高层级的思考，将培训工作与组织的整体战略、业务需求关联，整体规划培训体系。

趋势：在线培训

世界五百强企业中，有超过80%以上的企业建立了自己的企业大学，其中特别值得提醒的是：随着互联网、大数据时代的到来，在线培训是组织培训不可避免的。在中国，这个趋势也日益明显。在线培训系统能够帮助组织快速建立自己的在线培训平台，专注于为组织提供在线培训资源和系统化的培训管理服务，是员工自我学习提升、领导考核培训效果、组织实现全员培训的必备工具。云端学习解决了培训中组织难、跟踪难、资源少、受众窄、费用高等困难；帮助组织快速以低成本构建专属的培训服务、帮助管理者轻松组织培训，轻松跟踪效果；帮助学员随时、随地、随需的学习。

规划培训体系

培训体系应该以组织战略为导向，以关键岗位序列为基础，聚焦人才能力提升，规划培训项目。所构建的体系符合组织和培训战略发展需要，满足业务需求，这样的培训体系既符合组织发展，又有助于人才培养。因此，要对培训体系进行有计划、有方法、有目标的顶层设计，从而更好地进行资源整合和落地实施。（如图1-1所示）

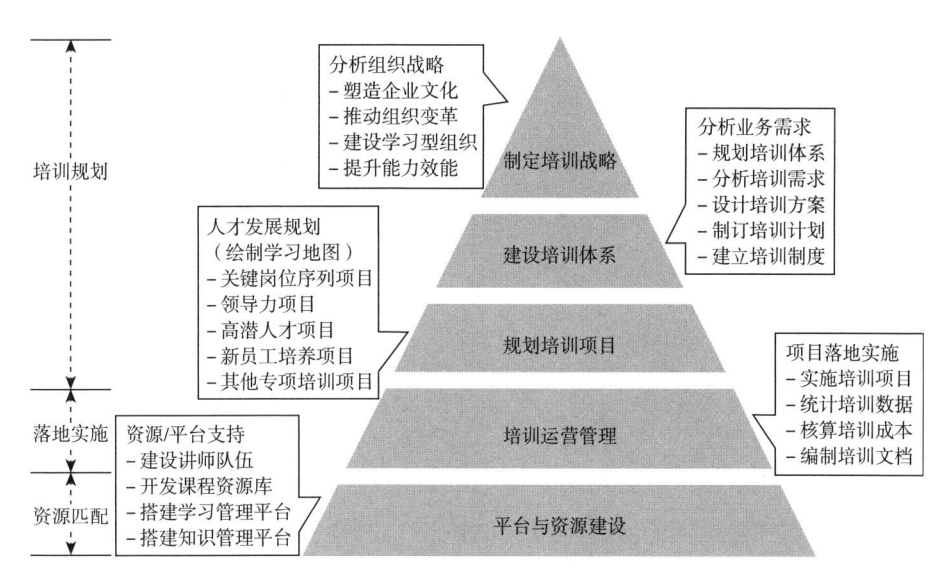

图1-1 培训体系框架图

规划培训体系需要自上而下进行整体思考，主要包含三个阶段的工作：整体规划、落地实施、资源匹配。

阶段一：整体规划

从组织战略出发，落地到员工能力发展模型，进行整体规划，该阶段可以分为三个步骤：

- ✓ 第一步，分析组织战略。组织培训是为组织服务的，所以首先对组织战略进行分析，从组织战略的角度出发，从组织的发展动态考虑，需要设定培训目标、完成使命，保障培训工作不偏航。
- ✓ 第二步，分析业务需求。从组织战略目标推导至组织的业务需求，确立培训的总体目标。比如通过培训达到哪些生产经营目标，需要哪些业务线完成什么样的工作任务。根据工作任务，绘制适合员工职业成长路径的学习地图，确定学习项目，从而设计培训方案、制订培训计划、建立培训制度，以确保培训工作的开展。
- ✓ 第三步，人才发展规划。为了实现业务目标，需要为员工规划人才发展路径、建立能力素质模型、绘制学习地图，并设计与之匹配的学习项目。例如为管理序列、职能序列、业务序列等各岗位序列以及不同的人才层级绘制学习地图。重点聚焦到关键岗位、管理者、高潜人才、新员工等人群，为他们绘制学习地图，设计相应的培训项目。

阶段二：落地实施

对培训项目的开展进行运营管理，确保培训项目的落地实施。包括收集员工的培训需求、实施培训项目、统计培训数据、编制培训文档等工作。其中，实施培训项目是这个阶段的重点，有培训项目的策划与宣传、各类培训活动的学习安排，以及培训效果的评估等工作。互联网时代，要顺应变化，充分利用时代赋予的新方法、新技术，有效整合资源，共同助力，让培训效率最大化。

阶段三：资源匹配

为了保障组织培训的正常运转，需要匹配相应的资源。

- ✓ 资源平台支持。有了平台的支撑培训才会更顺利地开展，包括为员工赋能的培训平台的搭建以及管理知识在线平台、管理学习数据在线平台等。
- ✓ 建设师资队伍。组建组织内部讲师团队，并且为他们赋能，培养其讲授与课程开发能力，制订并完善培训管理制度。
- ✓ 完善课程体系。根据培训规划绘制的学习地图匹配相应的课程资源，可以派遣内部讲师参加外部的培训课程进行二次开发，形成公司内部培训课程；可以向外采购课程内容，比如聘请外部培训讲师形成培训课程，或外部采购通用课程、书籍等；更重要的课程组成部分是自行开发、组织独有的专属课程。

由此可见，组织战略的落地不是一蹴而就的，需要层层分解，有计划、有步骤、系统地组织学习培训，以不断提升个人和组织能力。为员工的职业发展，绘制其学习地图是规划设计阶段的重要举措，在培训体系建设中起到承上启下的关键作用。"学习地图"构建了基于岗位能力的职业成长路径。它是课程体系的视觉化呈现，是匹配员工职业晋升通道的学习路径指引，是员工在组织内部学习发展路径的直接体现。

第二章　初识学习地图

第一次看到"地图"的字样容易联想到旅行，比如去往西藏有两条经典的路线，一条是青藏线途径大美青海，另一条是川藏线途径最美318国道，无论哪条路线都能到达目的地。在组织中对员工而言，学习地图同样具备了职业生涯发展的导航作用。当一位最基层的新员工入职企业，无论是技术技能路线，亦或管理路线，都有不同的学习路径可以通往，让员工看到职业发展前景，并有配套的学习项目辅助其职业技能的成长。

这一章节重点介绍学习地图到底长什么样。

第一节　学习地图相关概念

在介绍"学习地图"概念之前，我们首先一起了解一下几个比较容易混淆的概念：知识图谱、学习路径图、学习地图。了解这三个基本概念更有利于区分并认识"学习地图"的作用和意义。

1.知识图谱

知识图谱也称为知识地图，顾名思义是在组织中围绕"知识"的地图或图谱，比较有代表性的是MBA智库·百科给出的"企业知识地图"概念。

> **企业知识地图——MBA智库·百科**
>
> **企业知识地图**是企业知识资源的总分布图，包括两部分：
> - 一是企业知识资源的总目录及各知识点之间的关联；
> - 二是人员专家网络，即对企业员工的知识技能及相关领域专家的描述。
>
> 一幅好的企业知识地图不仅需要清楚地揭示企业内部、外部相关知识资源的分布及知识节点间的相互关联，还要建立知识与人、人与人之间的联系。更完善的知识地图还要能揭示企业的组织结构、业务流程等内容。

知识地图是什么

不难看出，在定义中明确了企业知识地图是企业"知识"的管理工具，对组织中的知识财产进行管理，即企业知识的库存目录，并且以可视化的形式展示了知识所在的位置。另外，在知识地图中把人员专家作为知识资产的另一种形式。企业知识地图是企业知识与知识创造者的导航与向导。

知识地图的作用

企业知识地图起到协助组织管理知识资源的作用，显性的、结构化的组织关系在地图中指示了知识资源的位置，显示了"知识"节点之间以及知识节点与"人员专家"之间的关系。

以"物流企业知识地图"为例，其企业知识地图/知识图谱如图1-2所示。

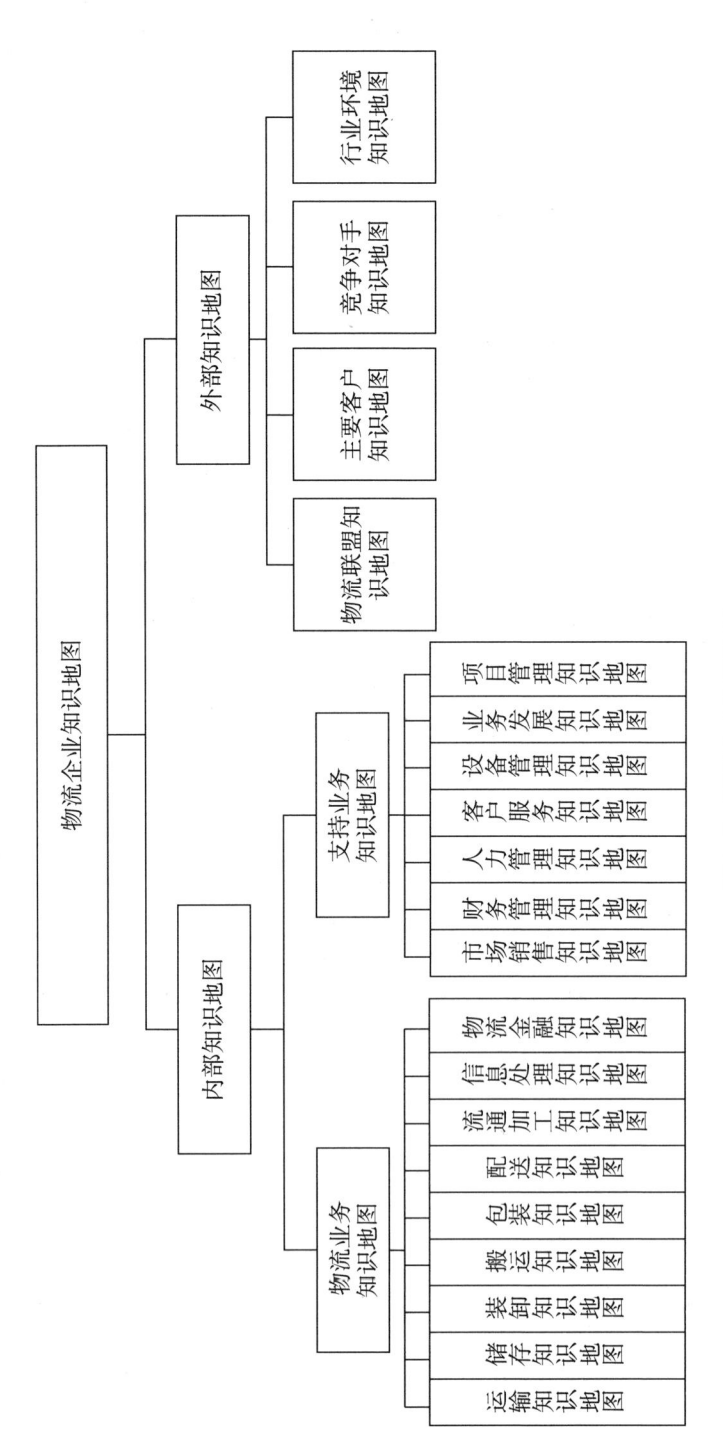

图1-2 物流企业知识地图

在现代供应链管理环境下，物流企业的知识地图包括两部分，分别是内部知识和外部知识。通过收集汇总内部与外部不同类型的知识，然后进行审核并归类整理，结合企业的IT系统进行知识点储存与管理，为用户提供了直观的视图。（引自《物流企业知识地图构建研究》王茂林　刘秉镰）

2.学习路径图

学习路径图是围绕一条专业线的特定的学习路径，起点是员工入职，终点是员工胜任该岗位的标准。

有关学习路径图的阐述，最早是由朱春雷老师翻译了同名书籍《学习路径图》一书，该书综合了50多年来从领先企业的内外工作中得来的经验，除了对定义进行了基本描述以外，还重点阐述了绘制学习路径图的过程与技巧。培训到底是为了胜任任务还是提升素质，是这本书所带来的最具特点的话题，它是一种理念上的"革命"，颠覆了以往培训体系建设的思维，值得花时间去了解。

> **学习路径图**
>
> **学习路径图方法论：是一种通过缩短员工达到胜任标准的时间来提高企业利润的方法。**
>
> 分为六个步骤：
>
> 第一步，选择一条专业线。构建学习路径图出发点是选择一条专业线。
>
> 第二步，确定到达胜任标准的时间。员工达到胜任标准所需时间是衡量学习路径图好坏的标准，在这一步要定义"胜任标准"。
>
> 第三步，绘制现行的学习路径图。即员工的实际学习过程。
>
> 第四步，设计精益的学习路径图。使用更有效的学习模型，从新排

列重组现有的路径图。

第五步，实施学习路径图，并建立维护计划，以确保路径图与时俱进。

第六步，评测与报告。向管理部门报告成果，有助于其他专业线以及随后计划的构建。

最终目标就是要设计精益的学习路径图以缩短员工到达胜任标准的时间。

在《学习路径图》一书中，学习路径图是围绕针对某一条专业线的特定的学习路径图而展开的，绘制学习路径图的出发点是选择一条专业线、任务或者流程。作者指出：从前，企业习惯使用课程、发展计划或一个简单的培训计划。然而，仅仅通过设置一系列的培训课程，就指望员工自动将所学内容应用于工作之中的想法是一厢情愿、不切实际的。事实上，也经常会发生一些员工尽管在培训的测试中取得了高分，却无法将所学知识用于实际的工作中的情况。在《学习路径图》中，作者介绍通用业务线的方法论，并展示了专业业务线例如客服呼叫中心、交易中心、客户服务部、内外销售部以及生产部门的例子，以此说明通过学习路径图可以轻松把孤立的培训课程链接到一起，展示培训效果和评估成果。

学习路径图的绘制过程及成果如下：

通常新员工入职到胜任所经历的第一版学习路径图包括三个节点，分别是新员工入职、完成传统的"课程培训与辅导"以及胜任岗位。作者将完成传统的课程培训与辅导到胜任岗位这段时间称之为"神秘期"。第一版的路径图有一个很明显的问题，因个体差异，每一个人的"神秘期"时间长短不一，并且完全没有成长记录。

为了更快地胜任该岗位，缩短整体的学习路径图时间，作者认为要将胜任之前的"课堂培训与辅导"和"神秘期"两个时间段打通，重新绘制新的学习路径，整个过程分为六步。比如将最初的学习路径图进行了两次

迭代，分别得到了"快捷迭代"的第二版和"精益处理"的第三版，特别是第三版精益处理后的学习路径图。（如图1-3所示）

学习路径图初版

学习路径图升级版

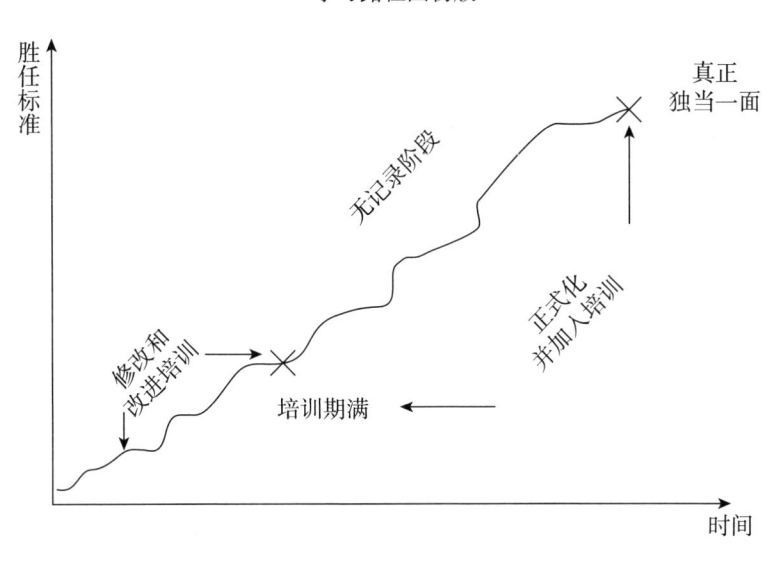

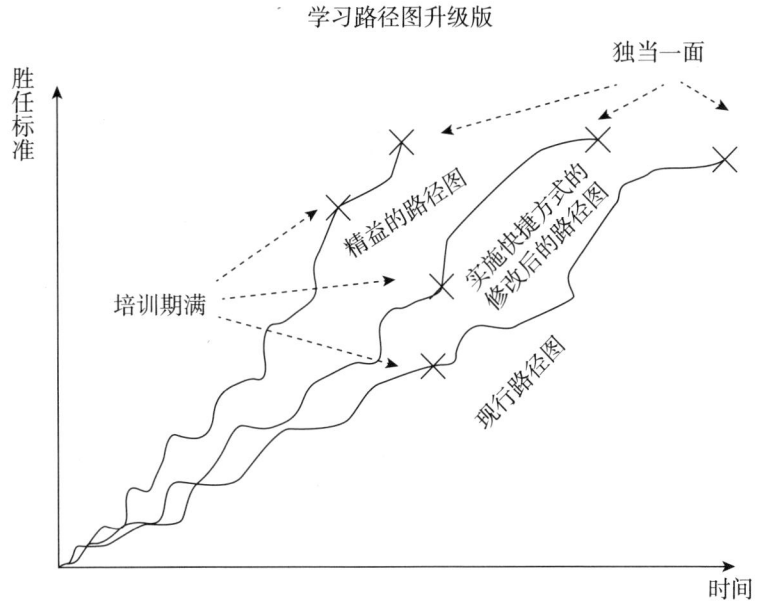

图1-3　学习路径图

随着绘制学习路径图的精进，从新人入职到胜任这一段所需要的培训时间也越来越短。在组织中，可以设立不同的学习路径图，如根据专业分工不同，可以设计技术研发人员学习路径图、销售人员学习路径图、生产人员学习路径图等。

《学习路径图》一书提供的方法论和具体流程，绘制周期耗时2～3年，在组织中如何有效地落地实践是一个难点。

3.学习地图

学习路径图是为新员工制订的一条专业线的学习路径，起点是员工入职，终点是员工胜任该岗位的责任标准，它存在两个问题：

第一个问题，即使培养了专业技能，但依然不能胜任工作。

如果培养了员工的专业技能，并且是优化的学习路径图，但依然有做不好本岗位工作的可能。在这里可能会有两个原因，第一个原因是员工本身不具备该岗位的能力素质，第二个原因是员工是否喜欢这份工作，是否认可自己的职业身份，是否"愿意"。比如去培养一位活泼好动的小伙子去做复杂烦琐的数字统计工作，可能他潜在的能力素质并不适合做"耗脑"的工作；另一种可能是他从内心深处认为自己更适合户外或强体力的工作，而不是安安静静地工作，因此只培养员工专业线的学习路径图完不成该员工胜任岗位的培养。

第二个问题，员工希望看到更长远的职业规划路径。

学习路径图解决的是新员工从入职到胜任岗位标准的专业培养，可是员工更希望看到自己更长远的职业发展路径，比如营销岗位序列的一名新员工，他希望看到从营销顾问到营销经理再到营销总监，甚至到总经理的发展规划，在晋升过程中需要具备哪些技能、学习什么内容，而学习路径图满足不了员工这个希望。

可见，企业可以通过学习地图来挖掘、测试和评价员工职业潜能，并据此为员工提供最好的成长路径和保障机制。

学习地图很好地解决了以上两个问题。

中国企业迅速发展，近年来国内使用"学习地图"的频次也越来越高。东软股份、中国国航等大型企业已率先使用"学习地图"的概念进行人才培养和组织管理。同时，很多组织也给出了有关"学习地图"的解释，其中有几个高频出现的关键词分别是企业战略目标、员工发展规划、职业成长路径、系列学习活动等。

综合以上信息，采用了一组接受度比较高的描述：

> 🎓 **学习地图**
>
> **学习地图**是指企业从战略目标出发、以能力素质模型为基础，结合员工个人的职业生涯发展规划，所构建的基于岗位能力要求而设计的一系列学习行为，它展示了一个员工在企业中从一名基层员工成长为领导者的学习规划蓝图。

通常，学习地图中拥有不同的学习路径，比如技术线、技能线和管理线等不同线条，并且为这些不同业务线条的不同层级的员工制订了针对性的学习内容。在学习内容中有"晋升"和"轮岗"两个关键要素。其中"晋升包"是职业生涯纵向发展的学习包，"轮岗包"是横向转换的学习包。当员工在不同岗位、不同层级、不同部门之间发生转换时，将为其提供转换目标所需要的必要的学习和发展内容，以求在较短时间内能快速掌握新岗位的工作内容。

每个学习包中包含了若干个学习项目，培训的内容形式既包括了课程、案例等传统的培训素材，也包括了操作手册、标准流程、工作规范等该岗位的辅助工具。

需要说明的是，如图1-4所示只是一个关于学习地图-职业发展通道的

绘制关键岗位学习地图

学习地图-职业发展通道（示意图）

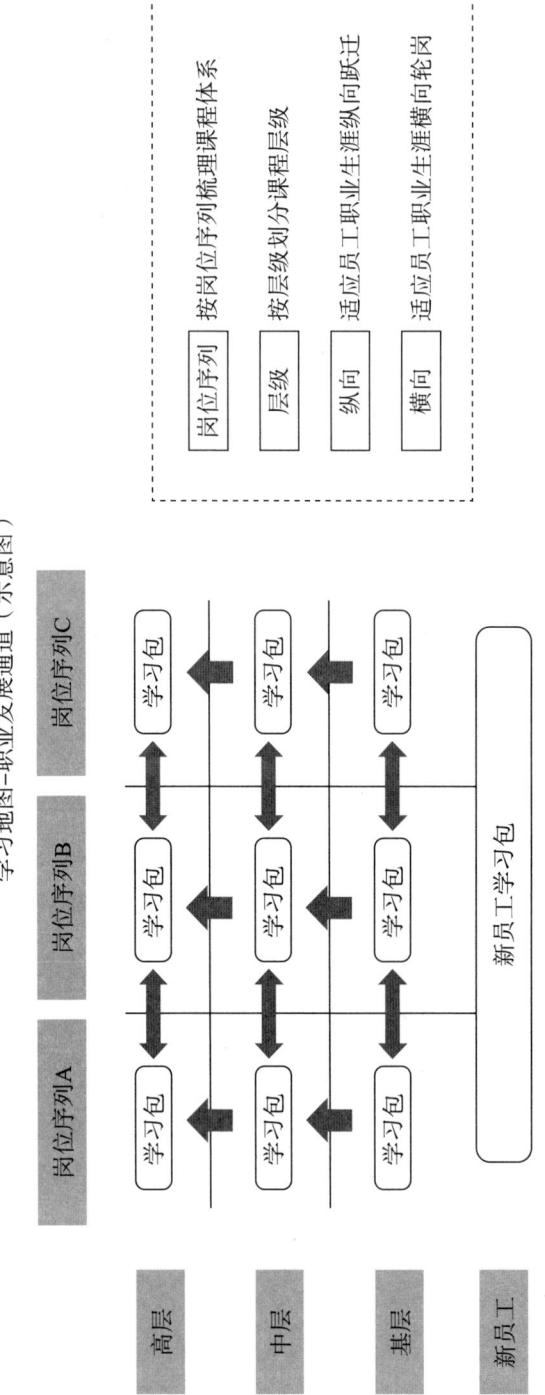

岗位序列	按岗位序列梳理课程体系
层级	按层级划分课程层级
纵向	适应员工职业生涯纵向跃迁
横向	适应员工职业生涯横向轮岗

岗位序列A　岗位序列B　岗位序列C

高层：学习包 ↔ 学习包 ↔ 学习包
中层：学习包 ↔ 学习包 ↔ 学习包
基层：学习包 ↔ 学习包 ↔ 学习包
新员工：新员工学习包

图1-4　员工职业发展通道

016

示意图。一张完整的学习地图通常是一张或多张列出详细学习项目的二维表或套表,其中各个学习包中的内容不是完全各自独立的,而是有交叉的。学习者的学习路径也不是严格按照岗位跃升和和轮岗要求的,而是可以根据学习者的兴趣,知识和能力储备,实际工作需要和个人发展规划,组织自己的学习。而学习成果则被作为岗位胜任力的考核内容之一。

学习路径图与学习地图二者的另一个显著区别就是,前者给出的是为上岗达标而参加的被动的强制性学习内容,员工的学习是为达标而进行的被动学习;后者则是为帮助员工职业发展而设计的全面的成长方案,在对员工进行科学评测的基础上,帮助其完成自身的职业规划,并努力使学习成为员工的主动行为。

以企业培训管理岗位序列的学习地图为例,从初级培训主管到中级培训经理再到高级培训总监的职业晋升中所设置的学习包是不同的,每个学习包中所包含的学习项目也有所不同,比如初级培训主管的学习包中包括"教育心理学"、"调研访谈与需求分析"、"有效沟通"等学习项目,每个学习项目的知识类型不同,内容形式也多种多样。(如表1-1所示)

表1-1 (某企业初级培训主管)岗位部分学习项目

学习项目	内容纲要	知识类别	内容形式	学习方式	学习时长	内容来源
教学心理学	1.学习者研究 2.知识迁移研究 3.脑科学研究	知识原理	图书	自学	8学时	外部采购
调研访谈与需求分析	专业知识 调研方法(BEI、调研问卷、观察法、绩效分析法、头脑风暴法、胜任能力分析法等) 关键行为 1.设定培训现状调查与培训需求调查目标	实操技能	课程	在线学习	2学时	内部开发

续表

学习项目	内容纲要	知识类别	内容形式	学习方式	学习时长	内容来源
	2.制定访谈提纲 3.使用BEI等访谈技术进行访谈 4.使用调研问卷进行信息收集 5.编制需求分析报告 **挑战情景** 1.没有获得关键岗位的真实需求					
项目运营及管理	**专业知识** 1.学习项目评估方法 **关键行为** 1.与业务部门及相关部门对学习项目目标达成一致 2.制订项目实施计划 3.项目实施过程中的管理与风险控制 4.项目结束后进行评估与复盘1 **挑战情景** 1.在线学习环境下的有效性	实操技能	操作手册	在岗培训	16学时	内部开发
有效沟通	**关键行为** 1.创造高效沟通前提 2.提升沟通技巧 3.准确传达意图 4.达成共识	能力素质	课程	在线学习	0.5学时	外部采购
敬业精神	**关键行为** 1.增进相互了解 2.激励和发展员工 3.提供多方面支持	能力素质	课程	在线学习	0.5学时	外部采购

学习地图实效性

学习地图的形式是多种多样的，表格、套表以及各种图文并茂的各种形式。学习地图的"容貌"并不重要，培训本质是助力组织完成企业战略、产生更大效益，因此学习地图更注重精准性和落地性。

- ✓ 实现组织战略落地。关注通过学习地图指引的方向和路径，能否实现组织战略，提升个人绩效，以及如何快速获取资源，构建课程体系。
- ✓ 批量复制关键人才。关注学习地图是否贴合组织实际，能否解决业务难题，以批量复制组织的关键人才。

在线培训环境日趋成熟，学习地图设定的培训课程既包含了传统的面授，也包括了在线学习等多种学习方式。通过学习地图的可视化呈现，员工可以自主找到解决当前问题的课程和学习资源，解决实际困难；还可以看到未来自己的成长晋升方向和未来组织的战略方向。另外，学习地图可以清晰呈现岗位不同层级的工作任务要求和素质指标，并配置学习资源和学习项目，真正做到隐形知识显性化、显性知识标准化、标准知识传承化。

4. 三个概念的联系与区别

通过以上分享，基本了解了知识图谱、学习路径图以及学习地图这三个容易混淆的概念。（如表1-2所示）

表1-2　学习地图的相关概念

概念	关　联	区　别
知识图谱	企业知识的管理工具，是静态的。	显性化地呈现了组织中知识点之间的相互关系，起到知识管理的导航作用。
学习路径图	其出发点是围绕一条专业线，关注动态过程。	基于实践，经过多次迭代后得到的一条精益的学习路径图，目的是缩短新员工入职到达胜任标准的时间。
学习地图	以员工能力发展路径和职业规划为主轴设计的一系列学习活动，是立体的、动态的。	满足多个岗位序列、多个层级之间的晋升与轮岗需求，配置相应的学习包。

第二节　学习地图的作用

学习地图的效果在很多组织中已经得到了良好的验证，每个组织的学习地图各具特色，虽然可视化呈现的形式多种多样，没有统一的范式，但其出发点都是解决自身问题促进组织发展。

以麦当劳为例，作为全球大型跨国连锁餐厅，在世界六大洲120多个国家拥有32000多家分店，企业的培训文化流传甚广。它始终强调"全职生涯培训"，也就是从小时工开始到高级主管，都设有不同的培训内容，通过各区域的训练中心以及汉堡大学进行进阶式的培训。新员工必须接受严格的岗前培训，服务生的技能培训在店堂内就能完成，通过学习手册和现场观摩实习来实现。如果升迁为店长或者地区经理甚至大区经理，就要进入区域的培训中心、全国培训中心，甚至到美国总部的麦当劳汉堡大学进行培训学习，重点围绕管理内容进行培训。

培训的生命力在于组织业务与员工职业发展紧密结合，学习地图为实现组织战略目标、文化落地、塑造品牌统一形象提供了坚实的基础。学习地图的作用与意义体现在三个方面。

组织方面：学习地图是企业战略助推器

从组织的角度，学习地图是实现组织战略的助推器，是企业发展、产生更大效益必不可少的工具，要与组织的战略目标和方向高度一致。学习地图关注的培训内容超越了通常意义上的培训课程，甚至课程体系，从一个更高的视角为员工进行系统的培训规划，为培训部门提供培训管理的统一视角。

回归培训本质，培养人就是改变他的需求，调动他的需求，从组织的角度出发规划人才发展地图。员工的学习地图要贴合实际的业务难题，特别是对业务变化大，岗位变化频繁的组织来说，学习地图中的"晋升包"与"轮岗包"要提供整体并且落地的人才发展规划。

员工方面：学习地图是职业发展导航仪

学习地图是组织为员工提供的，从学习者的角度有两个作用：
- ✓ 第一个作用是职业发展导航仪。学习地图为了员工的职业发展，绘制了晋升成长的路径，提供了目标清晰的学习任务，匹配了相应的学习资源。作为"导航仪"线路清晰、指引明确，目的地切实可达。
- ✓ 第二个作用是作为衡量工作的标尺。学习地图为员工不同层级的职业发展提供了胜任标准，员工通过不同层级的胜任要求可以测评出自我的能力差距，让员工深入理解到学习目标与工作目标的相关性。

管理者方面：学习地图是培训管理指南针

学习地图，从管理者的角度出发，也有两个出发点：
- ✓ 第一，明晰岗位职责。为员工规划详细的学习地图，其实是为了理顺岗位的工作职责，把原来说不清晰、讲不明白的工作流程、工作规范通过绘制学习地图的过程重新理顺。
- ✓ 第二，提供培训资源。在明晰岗位职责的基础上，还要为员工提供相应的培训资源，既要提工作要求，就要提供配套的成长学习包。学习地图为员工发展提供不同的发展通道，无论是晋升还是轮岗，都设置了相应的学习路径。当员工职业生涯发展意愿或工作安排发生变动时，可以动态调整，使人岗更加匹配，因此具有很强的适用性，选择适合当下阶段的学习项目，让组织中不同特点的员工都能尽其所能。

学习地图将岗位层级、胜任能力、学习资源和职业发展有机地整合在

一起，助力组织战略落地，提升培训部门人才培养效率，为员工职业生涯发展和能力提升提供了最有力的保障。（如图1-5所示）

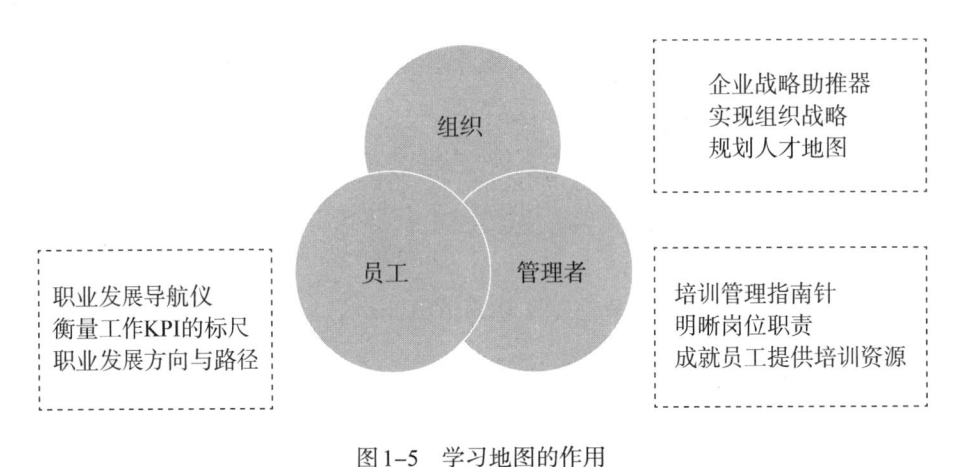

企业战略助推器
实现组织战略
规划人才地图

职业发展导航仪
衡量工作KPI的标尺
职业发展方向与路径

培训管理指南针
明晰岗位职责
成就员工提供培训资源

图1-5 学习地图的作用

第三节 谁来绘制学习地图

了解了学习地图的定义以及作用，在这一节分享由谁来绘制学习地图。各个组织在内容体系建设中遇到一个频繁发生的问题：前期投入人力、物力、财力绘制的学习地图在后期不一定能顺利落地。这个问题在本书的开篇就进行了阐述，人才培训体系的内容建设大致分为三个阶段，分别是人才发展规划、整合培训资源、输出培训内容。这三个阶段是相互关联并逻辑递进的，但由于整个项目的周期长、工作量大，往往由不同的团队在很长一段时间之内接力完成。因为每个团队的工作规则与输入、输出成果物都没有做到统一规范，因此前期绘制的学习地图在后期不一定能顺利落地。

为了解决这个问题，在组建学习地图的专家团时需要三种角色的密切配合。

第一类角色：学习地图绘制专家

如果只能用一个字来形容学习地图专家，那就是"大"字。这个"大"字包含了几个方面意义。学习地图专家首先要了解组织的战略目标，满足这个目标下的人才培养框架，特别是关键岗位序列的人才培养模型；这些专家需要经历过学习地图的完整生命周期，不仅仅是绘制学习地图，更要经历后期的培训资源整合、内容萃取以及课程制作的各个环节，深刻体会到学习地图在落地过程中有哪些环节容易出现问题，需要更加贴合实际工作，特别是"最后一公里"的问题。这样的专家可以在最短时间内引导业务专家绘制出专属他们私有的并且能落地的学习地图。

学习地图专家在绘制学习地图过程中起到了至关重要的作用，负责引导项目组成员根据组织的企业战略以及业务线条的岗位职责绘制学习地图，工作范围包括：

- ✓ 研读组织战略文件以及岗位责任书等相关文件；
- ✓ 根据实际需求制订学习地图的绘制策略与工作计划；
- ✓ 引导并赋能业务专家在每个阶段产出内容；
- ✓ 组织调研、访谈等多种形式并获得相应的信息；
- ✓ 整合资料记录并分析相关数据。

引导业务专家通过以上工作，辅助项目组共同完成工作，以确保学习地图最终成果的产出。

第二类角色：业务专家

在绘制关键岗位学习地图过程中通常每个业务线条邀请5至15名绩优的业务专家以及业务骨干参与，他们可能是行业专家、外部业务专家、组织内的业务骨干、岗位序列技术负责人。

他们是行业里的骨干精英、业务牛人，在绘制学习地图过程中他们做的是尽可能"小"。这个"小"字体现在内容框架的一级知识点上，考虑得越详细越好。如果想让学习地图可落地，在梳理工作任务、业务场景时汇总的知识框架要求详细且具体，包括看得见的显性的以及看不见的隐性的知识和技能。把这些"小"细节提前体现在学习地图的知识框架中，后期在进行培训内容的整合以及内部组织经验萃取时才不会跑偏，根据学习地图设计的目标提炼、总结知识点传承给新人、年轻人，特别是"专业知识项"也是行业市场竞争的技术壁垒，是组织长期发展的护城河。

注意，在业务专家中有一个角色是"知识负责人"，作为本行业以及本组织内的业务专家，协助学习地图项目的实施，在关键时刻起到引导并做出重要决策，给与权威的专业意见，对学习地图中间过程文件以及最终结果进行确认。通常由业务线条内技术级别最高的专家承担此角色。

无论是业务专家还是知识负责人，这些专家成员需要具备高水平、高绩效、高意愿参与到培训内容的开发与评审工作中。

- ✓ 高水平是指专家具备多年的实战经验，能够为新员工起到指导作用；
- ✓ 高绩效是指业绩突出的，高水准的专业度只有体现在业绩上才能证明是经过验证的；
- ✓ 最后还需要高意愿度参与进来，积极协助组织绘制重要岗位的学习地图。

第三类角色：组织者

负责学习地图项目的整体协调与推进工作，他们通常由企业中的人力资源部门或者培训部门牵头，有的组织由承担企业战略执行落地的负责人牵头，还有的是由某个业务线的负责人承担。无论什么岗位承担此任务，他们的角色都是作为组织的代言人组织团队成员一起工作。组织者在了解绘制学习地图的基本流程和方法基础上，最重要的是找对人，找到有能力做"大"的学习地图专家，也要找到能挖掘萃取"小知识、细节知识"的

业务专家。(如图1-6所示)

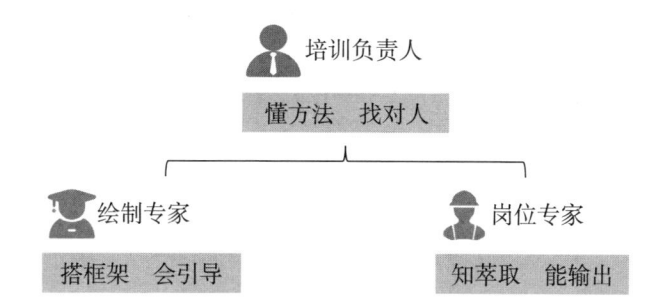

```
              培训负责人
            懂方法　找对人
           ┌──────┴──────┐
        绘制专家         岗位专家
      搭框架  会引导    知萃取  能输出
```

图1-6　绘制学习地图专家组

有了以上三类角色的相互配合，为员工绘制的学习地图才更有机会落地。

第三章　了解能力素质模型

在介绍绘制学习地图的流程和方法之前不得不提起员工的能力素质模型，也称为胜任力模型。基于能力素质模型或胜任力模型绘制员工的学习地图搭建培训体系，会让培训工作更加结构化、科学化、全面化。从20世纪末，世界500强以及大量发达国家的企业，已经开始使用能力素质模型构建培训体系了。

这一章节，将介绍有关能力素质模型的相关内容。

第一节　能力素质模型起源及发展

1.能力素质模型的起源

什么是能力素质模型？首先要说它的起源。

20世纪70年代的美国在第二次世界大战之后设立了一个特殊的岗位FSIO（Foreign Service Information Officers，美国政府驻外联络官）。想要成为FSIO，需要通过一项十分苛刻的智力测试，这个测试表面上看起来非常严谨并且完美，但事实上，许多被判断为高智商的人才，经过严格筛选后在实际工作中的表现却不尽人意，并不能胜任该项工作。

面对这种情况，美国政府不得不求助于戴维·麦克利兰教授（David

Clarence McClelland）和他的咨询公司，请他们帮助政府挑选合适的人才。

> ### 戴维·麦克利兰
>
> 戴维·麦克利兰（1917-1998），美国社会心理学家，1987年获得美国心理学会杰出科学贡献奖。
>
> 1963年，他开创了麦克伯（McBer）顾问公司，从事专业协助管理人员评估和员工培训的公司。他在《美国心理学家》上发表论文，指出招聘中常用的智商和个性测试对于选取合格员工的无力和不足。他认为，企业招聘应建立在对应聘者在相关领域素质的考察基础上，应采用SAT测试方法（Scholastic Assessment Test，学术能力评估考试）。这一想法至今被企业界广为采用。

麦克利兰教授和他的研究小组通过绩优者和普通员工的外在行为与内在动机的对比分析发现，真正能影响工作绩效的是员工的动机、特质、技能以及拥有的知识等，特别是一个人隐藏的个人动机与特质。这个发现解释了为什么有一些学历不高的人能够获得良好的业绩，有些却高学历、低能力，由此诞生了能力素质模型。

研究小组运用行为事件访谈法分别与应聘者进行沟通，总结出绩优者和普通员工在外在行为和内在动机之间的差异。实践证明，这种方法非常有效。这次活动为美国政府建立了FSIO能力素质模型，这也是世界上第一个能力素质模型。它要求FSIO必须具备三项能力：跨文化人际敏感性、对他人的积极期望、快速进入当地社交网络。实践证明，以能力素质模型为依据来选择FSIO是有效的。后期虽然经过多次修订，直至今天，美国政府仍将上述三项能力作为选拔的依据。

1973年，在此研究基础上，麦克利兰教授发表了《测量胜任力而非智力》的文章，标志着能力素质模型理论的诞生。他指出，从根本上影响个人绩效的是诸如成就动机、人际理解、团队影响力（也可以翻译为能力素质模型、胜任力模型和资质模型）等一些可以成为能力的东西。

能力素质模型理论的诞生，引起理论界的强烈反响和企业界的高度关注，纷纷进行学习和研究。20世纪90年代末期，能力素质模型理论开始传入中国。

2.能力素质模型的发展

能力素质模型在后续发展中有很多形象，有的被比喻成一座冰山，有的被比喻成一颗洋葱，有的被比喻成一个梯形，总之，人们想了很多办法让素质模型有了自己的形象，帮助大家更容易了解。

随着应用越来越广，能力素质模型也有了很多称呼，比如素质模型、冰山模型、胜任力模型、胜任力金字塔模型等。

冰山模型

在这些模型中，最为著名的是1895年著名心理学家佛洛依德与奥地利医生布洛伊尔共同提出的"冰山理论"。

冰山理论认为，人的能力素质结构就像浮在大海上的冰山，可以看见的只是浮在水面上的冰山部分，看不见的是水面下巨大的冰山底部，看不见的部分更大程度地决定了人的行为。（如图1-7所示）

- ✓ **水面上冰山的外显能力**。浮在水面上的冰山一角，是一个人的外显能力，具有知识、技能等外在特征，体现在行为上或者直接影响到工作业绩，可以观察到。
- ✓ **水面下冰山的隐性特征**。处于冰山底部的是一个人的内在潜质，越往冰山的底部，可察觉的程度就越难。包括社会角色、自我意识、个性特质和动机等能力、素质，决定了一个人内驱力。

图 1-7　冰山模型

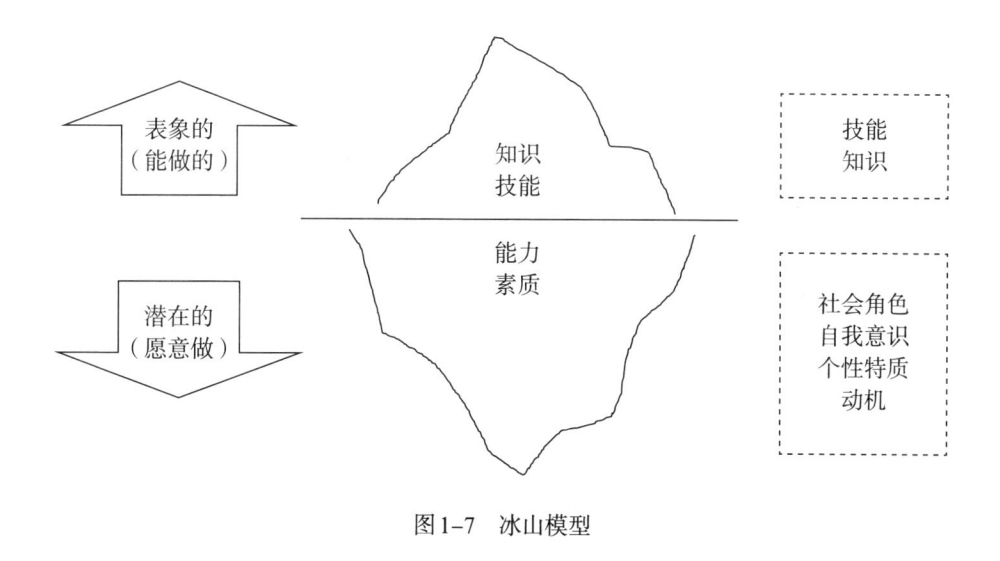

真正决定一个人能否在工作中做出突出绩效的并不是水面上的表象因素，而是水面以下的潜在因素。潜藏的深层特征既不容易看出来，又不容易被改变。

洋葱模型

在麦克利兰教授的研究基础上，很多学者又纷纷提出自己的理解，进一步拓展和丰富了这个模型的内容，比如：在冰山模型基础上，由美国学者理查德·博亚特兹对麦克利兰的素质理论进行了深入和广泛的研究后提出来的"素质洋葱模型"。所谓素质洋葱模型，是把员工的胜任素质由内到外概括为层层包裹的结构。

- ✓ 最外层：包括知识与技能，相当于的水面上的冰山部分，是比较容易培养的，也是比较容易评价的。
- ✓ 中间层：包括价值观、态度、自我形象，相当于水下浅层冰山部分。是经过很长时间形成的，与长期的教育有关。
- ✓ 核心层：包括个性与动机，相当于水面下冰山最深层次的部分，是一个人的最深层次、最核心的特征。

如图1-8所示，越向外层越容易评价和培养，越向内层越难以评价与改变。洋葱模型同冰山模型相比，本质是一样的，都强调核心素质或基本素质，更突出看不见的潜在素质与看得见的显性素质之间的层次关系。

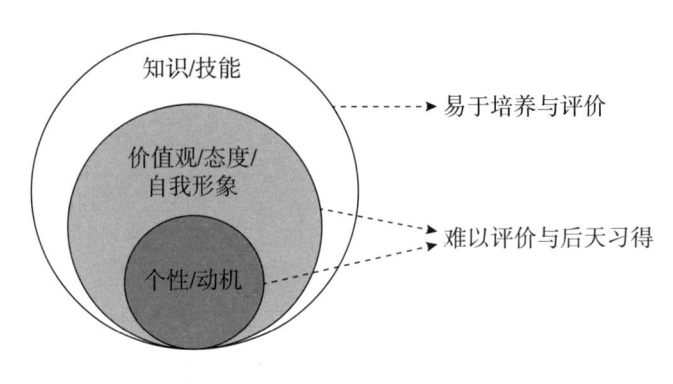

图1-8 洋葱模型

梯形模型

国际人力资源管理研究院也提出了有关胜任素质的"梯形模型"，它将能力素质划分为了四个层次分布在"行为层"与"非行为层"里，其中：

行为层，包括：

✓ 行为

非行为层，包括：

✓ 知识/技能/态度

✓ 思考方式/思维定式

✓ 自我意识/内驱力/社会动机

在这个模型中主要分为行为层和非行为层，其中行为层，是特定岗位上一个人的绩效表现；非行为层是行为层次以下的其他所有因素的总和，非行为层所包含的所有素质项共同决定了绩效行为的行为层。（如图1-9所示）

```
         ┌─ ─ ─ ─ ─ ─ ─ ─ ─ ─ ─ ─
         │         ╱╲
   行为层 │        ╱行╲
         │       ╱ 为 ╲
         └─ ─ ─ ╱──────╲─ ─ ─ ─
         ┌─    ╱知识/技能/态度╲
         │    ╱──────────────╲
  非行为层│   ╱ 思考方式/思维定式 ╲
         │  ╱──────────────────╲
         │ ╱自我意识/内驱力/社会动机╲
         └ ───────────────────────
```

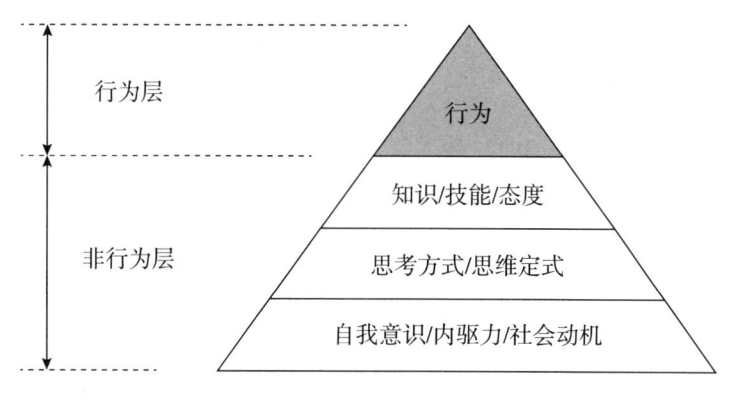

图1-9 "梯形"模型

梯形模型与冰山模型本质是相同的,同样强调行为层以下的特征,同样强调看得见的行为与看不见的行为之间的关联关系。

其他能力素质模型就不一一列举了。模型理论从诞生至今已经有几十年的历史,关于能力素质的定义,虽然国内外还没有达成共识,但能力素质模型具有共同的特征:

- ✓ **特征一**:能力素质模型能表述业绩卓越者与业绩普通者的差异。不同的员工具备的能力素质项的等级不同,在日常工作中的表现也会有很大差异。

- ✓ **特征二**:能力素质模型包含可测量的知识、技能和职业素质。其中知识、技能是决定一个员工业绩好坏的表面因素,而隐性的职业素质则是决定一个员工业绩好坏的深层次因素。

- ✓ **特征三**:能力素质模型尤其强调深层次特征,他们认为,决定一个人能否获得良好工作表现的决定性因素,不是那些表层知识和技能,而是最深度的动机和特质,即职业素质。值得注意的是,越是简单工作,其工作质量、绩效的高低越是由员工的深层次特征决定。

第二节　能力素质模型定义及作用

1.能力素质模型的定义

经过上述的分享，将能力素质模型的描述总结如下：

> **能力素质模型**
>
> 能力素质模型是将知识、技能与职业素质等要素，为了完成某项工作、达成绩效目标按照角色或者岗位有机地组合在一起，并对其有关行为进行描述，然后通过可观察、可衡量的行为描述来体现员工战略执行能力的特质。

关于能力的理解

简单地说，能力是"能不能"做一件事，是完成一项活动或任务的本领。本书只讨论员工的职业能力，既与职业相关的能力。而非人生的所有能力，比如：恋爱能力、带娃能力等，除非你是一名恋爱指导师，或者是幼儿教育工作者。能力是一个人所具备的知识、技能以及表现出来的行为，通过这些要素能支撑完成相应的任务，比如沟通能力、计划协调能力、危机处理能力等。关于能力有两个特征：

特征一：能力可以迁移

一个人的能力是可迁移的，在做一件事情上有能力，在做其他类似的事情上同样也具备相应的能力。比如销售大金是一名4S店的销售经理，具有"计划协调能力"，他在公司内能带领团队制订年度销售计划，能够协调客服团队为客户提供相应的售后服务；同样，他也能帮客户做好贷款计划，并协调银行完成该客户的贷款行为。只要具备了"计划协调能力",无论是在组织内还是与客户交往过程中,这项能力是可以迁移的。

特征二：能力可以后天习得

一个人具备了相应的知识和技能后表现到行为上,比如生产岗位上的大壮在刚刚进入车间时只知道闷头干活,还没有深刻认识到水火无情的巨大危害,通过学习安全生产职责一系列培训课程,大壮深刻领悟到除了生产职责以外,还需要具备用电安全和消防安全的预防与应急处理能力,才能保障安全生产。可见,能力是可以后天通过学习改善和提升的。

关于素质的理解

简单来说,素质就是适不适合、愿不愿意做某事,决定了一个人是否能很好地完成某项任务,是员工潜在的特征,比如动机、特质等。这体现在两个方面：

方面一：适不适合做

素质首先体现在"适合"上,每个人都有自己的天赋,很多成绩是有天赋基础的,与其弥补自身的短板,不如发挥自己的优势与特长。比如中国现代文学家钱钟书先生,他的数学成绩不好,但写作能力却非常优秀,最终取得了显著的学术成就,在国内外都享有很高的声誉。从素质这一角度出发,钱老先生是"适合"写文章的。

方面二：愿不愿意做

"愿意"是一个人做事情的内驱力,是动机。很多时候都是外驱,是被社会、被组织、被家人要求做事情,如果自己不想做,那么做起来就很累,也很烦,甚至会有不满。但如果是"自愿的",做起事情就有足够的动力。就像不愿意去幼儿园的小明同学,因为喜欢新朋友小丽,所以不用再被妈妈督促着去幼儿园，反而积极主动按时起床、洗漱，上幼儿园了。

能力与素质的关系

能力与素质同时体现在一个人的身上，是整体存在的，并且素质是能力的基础。

补齐短板行为。很多读书爱好者都非常喜欢埃里克森撰写的《刻意练习》，他认为莫扎特之所以在音乐领域中取得巨大的成功，后天的刻意练习在很大程度上提升了自身的能力，但不能忽略他的父亲本就是一名音乐家，莫扎特有音乐的遗传基因，具备了音乐天赋，也有学习音乐的环境，在这种基础上刻意练习才会有作用，并且非常重要的不可忽略的是他挚爱音乐，具有自我驱动的能力。很多家长热衷培养孩子学习钢琴，让一个完全不爱音乐、没有天赋，又强压要求刻苦练习的话，留给孩子的可能是痛苦，留给家长的可能只有高血压了。

发挥长板行为。21世纪组织中的人才是最具竞争力因素之一，特别是在组织中如果提供一个良性的环境培养出既"能干"又"愿意干"的员工，长此以往，就会形成组织的核心竞争力。

2.能力素质模型的作用

能力素质模型识别并呈现出绩优人员所具备的因素，为各岗位从业者提供了学习标杆。当员工认识到自身与绩优者之间的差距，更有内在动力通过自学与积极参与组织提供的培训机会，逐渐提升绩效水平，甚至达到岗位更高层级的任职标准。能力素质模型的作用如下：

作用一：为绘制学习地图确立了基点

通过能力素质模型，清晰描绘了组织的战略文化、核心能力和员工的知识技能和素质之间的联系，从而使员工的能力素质要求能够基于组织战略目标的牵引与要求进行明确界定。基于能力素质模型的学习地图为实现组织战略目标、团队目标、个人持续改进提供了方向和共同语言。

作用二：为现代组织管理提供评价依据

在现代组织管理模式下，建立能力素质模型有利于建立科学有效的人才评价机制，每个岗位也有与之匹配的能力素质评估类型和等级，有利于提高员工业务能力与个人素质以及工作效率，留住核心人才有助于组织的可持续发展。

第三节　能力素质模型的应用实践

自能力素质模型提出后，研究人员在每个时期结合不同的组织性质，在实践中验证并总结了很多种能力素质模型。国内的组织也在20世纪末陆续建立能力素质模型，截止目前已有二十多年。在各种模型中，因为开发的时间有先后，每个组织对能力素质模型认识不同，再加上组织的性质不同、需求各异，所以不同时期，每家组织开发的能力素质模型也各不相同。

- ✓ 在国外，自20世纪末能力素质模型已经被广泛应用。迄今为止世界500强有过半企业在使用能力素质模型，并将其运用到组织实践中，比如通用汽车、沃尔玛、福特汽车、三井物产、丰田汽车、通用电气等国际公司。
- ✓ 在国内，能力素质模型也逐渐进入历史舞台。近年来，能力素质模型在国内组织中广泛应用并得到普遍认可。1998年，原邮电部系统建立了管理者任职资格标准；华为、联想、平安保险等先后建设并应用了自己的能力素质模型；中国建设银行、神龙汽车等国内组织都构建了管理人员的素质模型并投入使用；还有一些国际性企业比如奔驰、3M、欧尚等，在中国延续了应用能力素质模型的传统。

能力素质模型在组织人才的选、用、育、留方面发挥了重要作用。它将组织战略和文化落实到每个员工的行动中，提升员工对组织的认同感与归属感，增强了组织凝聚力与竞争力，正迅速地成为21世纪工作发展的标准和业绩管理标准。

请注意，这段时间开发的能力素质模型多侧重员工通用能力素质或领导力胜任力模型，接下来分享几个经典的能力素质模型案例。

案例一　全体员工通用的能力素质模型

某乳业集团要求企业内所有员工都要具备的能力素质项，不分岗位序列、不分层级，制定出的能力素质模型是对全体员工适用的。（如图1-10所示）

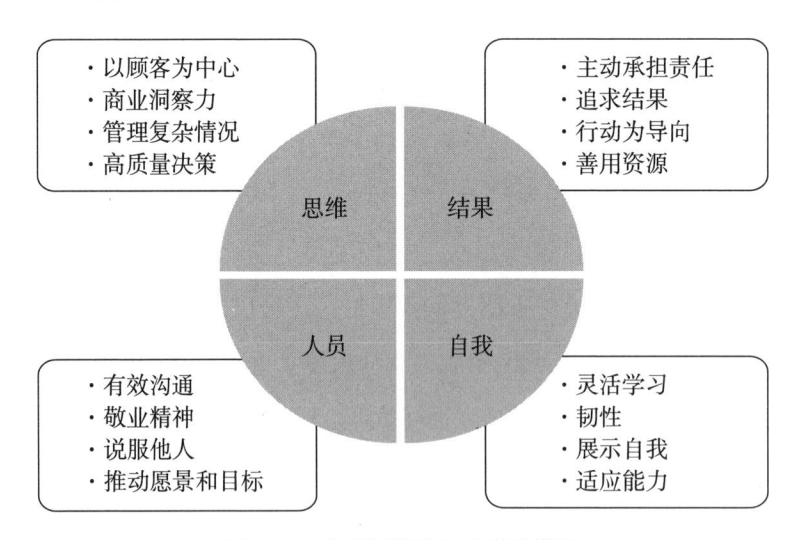

图1-10　全员通用的能力素质模型

在这个模型中能力素质项分为四个维度，分别是：思维、人员、自我、结果，每个维度下又包含若干项，比如在"结果"模块下包含主动承担责任、追求结果、行动为导向、善用资源。

案例二　区分岗位序列的能力素质模型

某集团内有全员适用的"通用素质"、管理通道所适用的"管理素质"，以及各岗位序列所需具备的能力素质。每一个岗位需要所适用的能力素质各不相同，如图1-11所示。

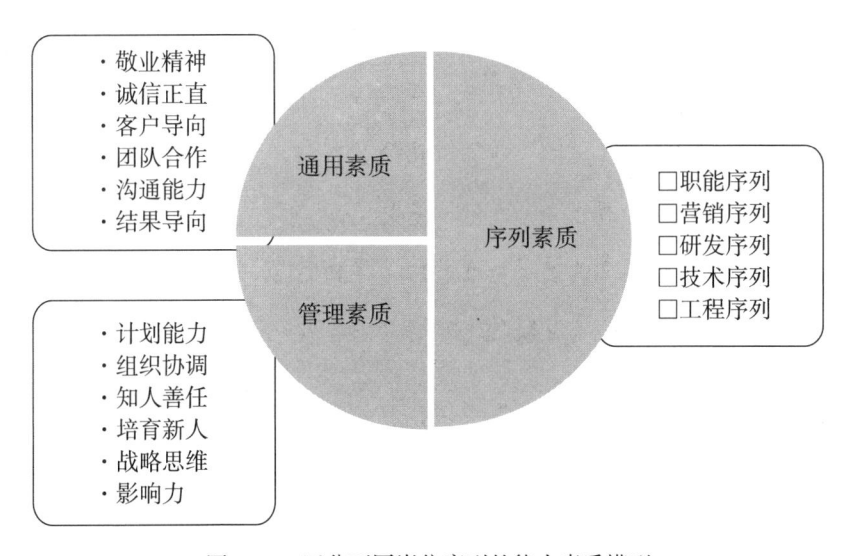

图1-11　区分不同岗位序列的能力素质模型

- ✓ 职能序列：主动性、人际关系、分析判断、逻辑思维。
- ✓ 营销序列：服务意识、客户导向、市场敏感性、倾听能力、谈判能力。
- ✓ 研发序列：全局观、保密意识、创新能力、研究精神、分析归纳能力。
- ✓ 技术序列：严谨态度、成本意识、主动性、分析判断能力。
- ✓ 工程序列：追求品质、原则性、成本意识、全局观。

案例三　部门适用的能力素质模型

某银行对集团客户部专门设定了能力素质模型，该模型包含三个部分，

分别是：核心行为胜任素质、职能/技术胜任素质、管理领导能力素质。（如图1-2所示）

```
┌─────────────┬─────────────┬─────────────┐
│  核心行为   │  职能/技术  │  管理领导   │
│  胜任素质   │  胜任素质   │  胜任素质   │
└─────────────┴─────────────┴─────────────┘
```

核心行为胜任素质：
- 诚信正直
- 责任为先
- 团队合作
- 客户导向
- 关注细节
- 持续学习
- 结果导向
- 市场敏感度
- 创新意识
- ……

职能/技术胜任素质：

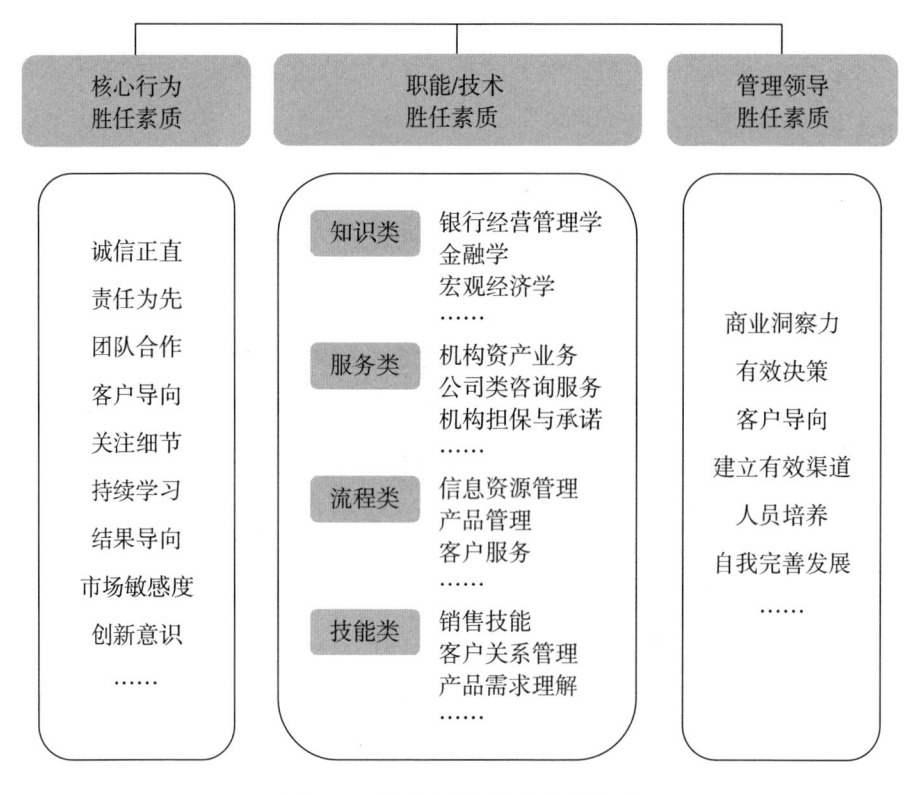

知识类
- 银行经营管理学
- 金融学
- 宏观经济学
- ……

服务类
- 机构资产业务
- 公司类咨询服务
- 机构担保与承诺
- ……

流程类
- 信息资源管理
- 产品管理
- 客户服务
- ……

技能类
- 销售技能
- 客户关系管理
- 产品需求理解
- ……

管理领导胜任素质：
- 商业洞察力
- 有效决策
- 客户导向
- 建立有效渠道
- 人员培养
- 自我完善发展
- ……

图1-12　集团客户部能力素质模型

案例四　岗位适用的能力素质模型

某化工企业（海外项目经理）能力素质模型，是针对海外项目经理这个岗位单独制订的，分为四部分，分别是品质、知识、通用技能、专业技能。每一模块又拆分为基本和关键两个维度。（如图1-13所示）

第一部分 知识铺垫

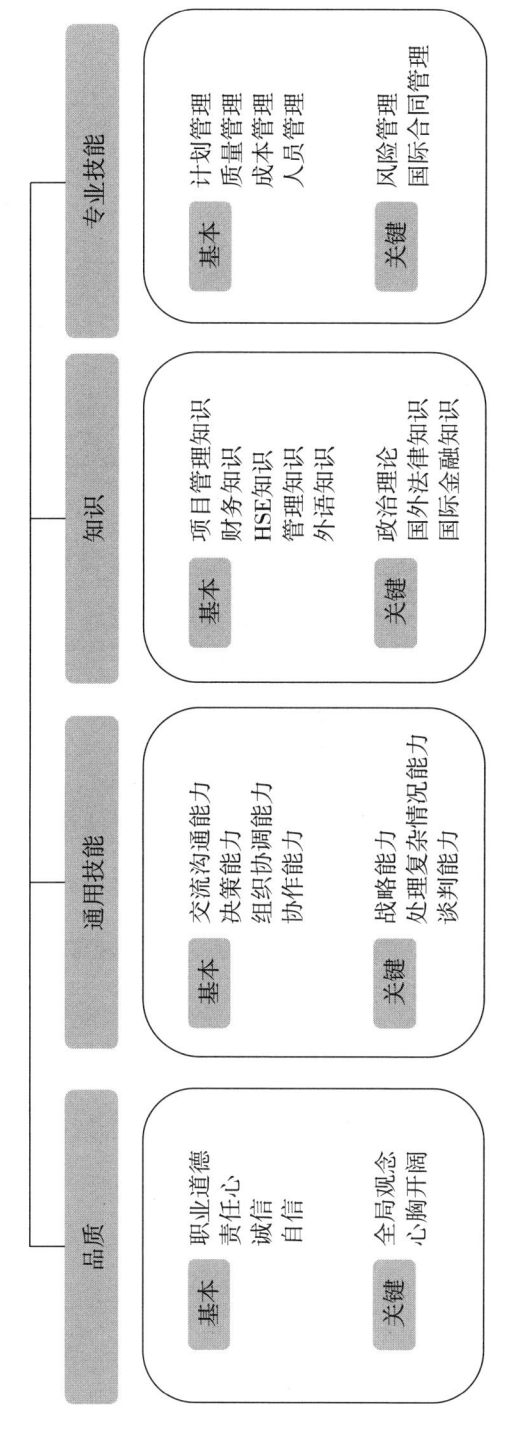

品质

基本
- 职业道德
- 责任心
- 诚信
- 自信

关键
- 全局观念
- 心胸开阔

通用技能

基本
- 交流沟通能力
- 决策能力
- 组织协调能力
- 协作能力

关键
- 战略能力
- 处理复杂情况能力
- 谈判能力

知识

基本
- 项目管理知识
- 财务知识
- HSE知识
- 管理知识
- 外语知识

关键
- 政治理论
- 国外法律知识
- 国际金融知识

专业技能

基本
- 计划管理
- 质量管理
- 成本管理
- 人员管理

关键
- 风险管理
- 国际合同管理

图1-13 某化工企业海外项目经理能力素质模型

039

案例五　管理人员领导力模型

有很多组织为管理人员设计了领导力模型，比如某建筑企业管理人员的领导力模型分为三个维度，分别是：定方向、带队伍、谋发展。每个维度下包含了若干项的能力素质项。（如图1-14所示）

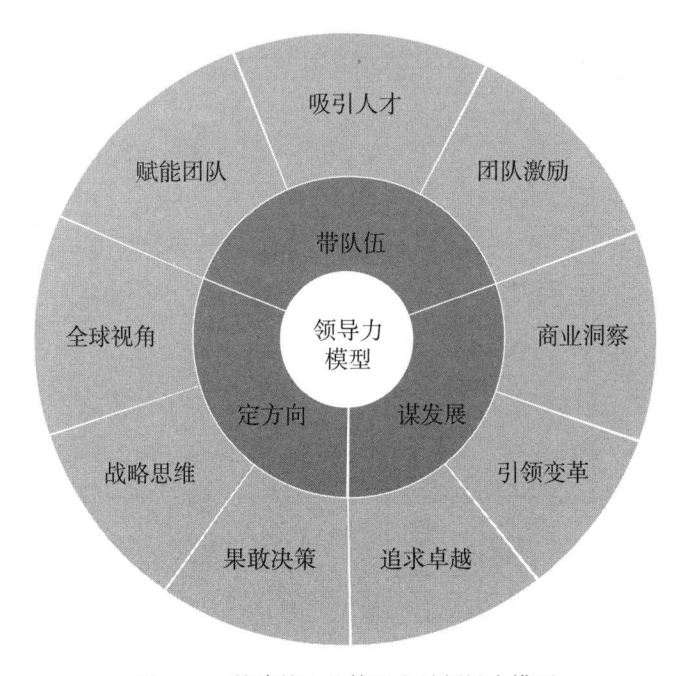

图1-14　某建筑企业管理人员领导力模型

能力素质模型让组织从只关注规则的这种硬邦邦的管理转变到培养优秀员工的柔性管理。将组织中最重要却最难落地的战略、文化落实到每个员工的具体行动上，从模型中清晰地呈现出成绩优异的员工所共同拥有的能力与素质。更为可喜的是通过大量实践与探索验证，这些能力与素质是可以通过培训提升的，在帮助员工提升绩效的同时，实现了员工与组织的共同发展，统一了个人与组织的目标。

第四节　能力素质模型的误区

基于能力素质模型搭建人才培养的课程体系使员工的学习与发展不再盲目，根据岗位序列的职责要求建立能力素质模型，再开发各自的培训体系，设计每一职业发展阶段所需要的技能培训与能力素质培养，使培训培训更体系化也更有针对性。同时，通过对员工现有能力的评估，有针对性地制订培养计划以提高个体和整个组织的整体能力。

同时，基于能力素质模型的学习地图将传统培训工作中对于工作活动的关注转向对于个体能力素质的整体关注，帮助组织识别、选拔、培养优秀员工，有助于组织更好地应对变化。

在为员工搭建能力素质模型时，有几个常见的误区：

> **点破误区**
>
> **误区一：能力素质模型=岗位任职资格**
>
> 在搭建建设能力素质模型过程中，经常会遇到这样的疑惑：企业管理者认为，公司已有具备了一套完善的任职资格要求与岗位说明书，组织基础良好，因此可以基于此直接绘制学习地图，无须开发能力素质模型作为中间环节。
>
> **分析：**
>
> 一方面，对以上情形称之为组织代表的"单相思"。单方面要求员工对组织认同，不考虑深层次的动机与内驱力，掩耳盗铃般的假象是很难实现的。
>
> 另一方面，岗位任职资格与能力素质模型是有差别的。岗位任职资格是对任职者最基本的能力素质要求。能力素质模型体现的是绩优者所

具备的特征，是优秀员工的标杆。特别是隐藏的特征更加影响一个人的绩效，企业如果想获得认同，不从员工思想深处进行建设，就会做很多无用功。

任职资格更多评价的是对任职者知识与技能的要求，是外显的行为，而能力素质模型既包括了显性的能力即水面上冰山的行为，又包括了水面下冰山隐性的素质即动机、价值观、特质等。从这个意义上说，通过能力素质模型能够分析员工的"实际能力素质"与"能力素质标杆"之间的差距，并通过有效的人力资源管理手段解决能力提升的问题。

点破误区

误区二：追求能力素质模型的全面性、精准化

适合自己企业的才是最好的，一般一个岗位使用几项能力素质就能够体现出绩效差异。没有必要也不可能获得十全十美的能力素质模型，适合的就是最好的。

误区三：照搬其他企业模型

开发应用能力素质模型要基于企业自身战略、特质和文化。削足适履地照搬其他企业模型往往无法落地，无法解决企业特有问题，不仅浪费人力财力，最终成果也有被束之高阁的风险。

因此，要基于企业战略目标以及发展阶段，评估并建立自家独有的能力素质模型，在此基础上搭建的学习地图才能落地指导实践，带来绩效改善。

以上，分享了能力素质模型的起源、发展、作用以及经典案例，为什么要花这么多精力去研究它呢？因为能力素质模型是绘制学习地图的底层逻辑，它是为学习地图服务的，学习地图是能够看得到的，是可视化的，但绘制学习地图的理论依据是什么呢？是员工的能力素质模型。

在能力素质模型中体现了显性的知识技能与隐性的能力素质的关联关系，只有透彻地分析清楚每个岗位序列的知识构成，才能为员工的职业生涯发展绘制专属他们的学习地图。

请注意，在实际应用中很多组织都在灵活地应用能力素质模型，有的组织重点开发隐性能力素质的模型，有的组织更重注显性能力素质的模型，有的组织则兼顾两者。无论怎么选择，只要适合就是恰当的。

第二部分

绘制关键岗位学习地图

通过第一部分的介绍，我们了解了学习地图的概念、作用，也理解了能力素质模型的意义，接下来，在这一章节中介绍如何绘制关键岗位的学习地图。主要包括以下几个步骤的内容：

步骤一：聚焦关键岗位

绘制员工的学习地图为什么要聚焦关键岗位呢？一方面，关键岗位在经营、生产等方面对企业的生存发展起着重要的作用，在资源有限的情况下，先为关键岗位序列绘制人员成长的学习地图，这样就可以批量复制关键人才，避免核心人员的流失，以确保组织战略目标的达成。另一方面，组织的培训内容体系是由若干个岗位序列构成的，绘制每个岗位序列的学习地图的步骤和方法是相同的，掌握了关键岗位学习地图的绘制方法，就可以迅速复制到其他岗位序列，完成整个组织的培训内容体系建设。

步骤二：为关键岗位敏捷建立能力素质模型

在绘制关键岗位学习地图之前需要解决一个重要的问题，就是为关键岗位建立能力素质模型。能力素质模型为绘制学习地图确定了基点，提供了框架依据，但每个组织中的能力素质模型都是个性化的，并且在为特定人群建立能力素质模型时会耗时费力。时代飞速发展，组织要想立于不败之地，无论是业务还是培训都需要做出迅速反应，学习地图亦是如此，因此有必要探讨一下如何为关键岗位敏捷建立能力素质模型。

步骤三：绘制关键岗位的学习地图

考虑学习地图的颗粒度与精细度问题。学习地图是由具有内在逻辑关联的学习项目相互组成的有机整体。一个科学有效的培训体系应以组织战略为导向，要体现组织战略并且根据组织发展进行培训项目与培训课程的动态调整，岗位职责与实际工作任务是学习地图建立的重要依据。不同岗位序列的学习内容、培训项目差异较大，从工作任务入手提炼学习项目建立基于岗位的培训内容体系。

经过以上步骤完成关键岗位学习地图的绘制，再整合培训资源，后期就可以落地实施了。（如图2-1所示）

在这一部分，重点介绍为关键岗位绘制学习地图的三个步骤：聚焦关键岗位、建立能力素质模型、绘制学习地图。

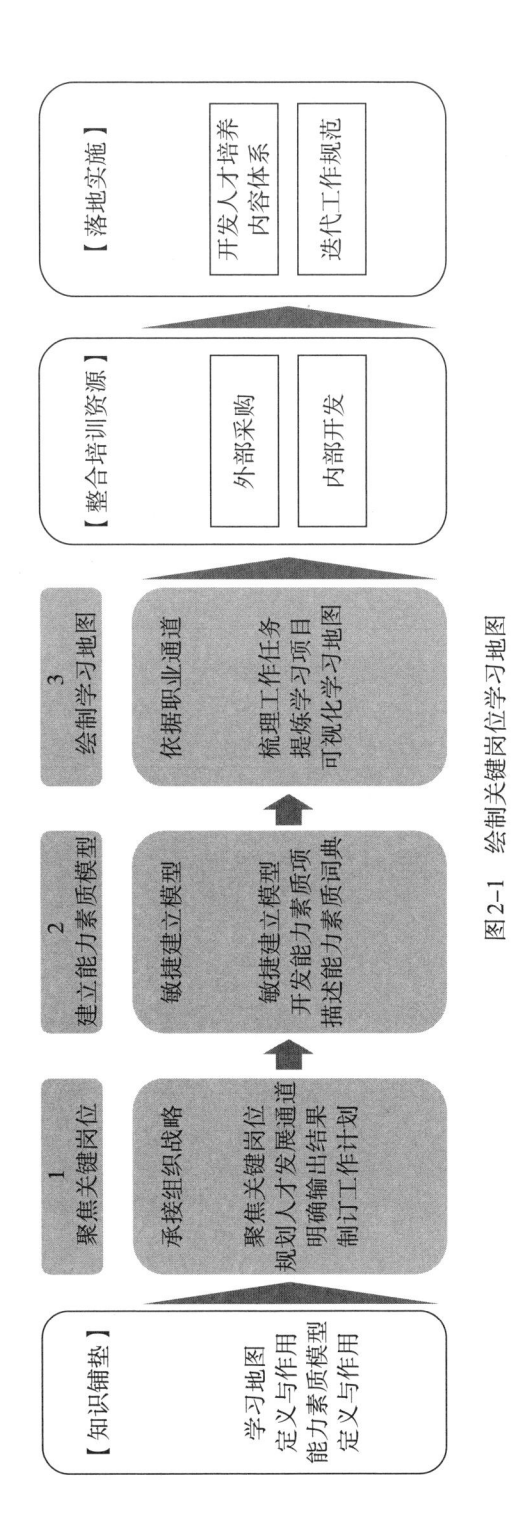

图 2-1　绘制关键岗位学习地图

[知识铺垫]
- 学习地图定义与作用
- 能力素质模型定义与作用

1 聚焦关键岗位
- 承接组织战略
- 聚焦关键岗位
- 规划人才发展通道
- 明确输出结果
- 制订工作计划

2 建立能力素质模型
- 敏捷建立模型
- 敏捷建立模型
- 开发能力素质项
- 描述能力素质词典

3 绘制学习地图
- 依据职业通道
- 梳理工作任务
- 提炼学习项目
- 可视化学习地图

[整合培训资源]
- 外部采购
- 内部开发

[落地实施]
- 开发人才培养内容体系
- 迭代工作规范

第一章　聚焦关键岗位

说到关键岗位，以海底捞为例，这家火锅店因其有特色的服务，创造了良好的口碑，在餐饮领域很受欢迎。因为生意好，所以连锁店越开越多，店长和服务员的数量也越来越多，这些人员众多的岗位肩负着主要的经营业绩。

在一个组织中，管理序列、职能序列、业务序列等岗位人员众多，各个组织的设置也有所不同。为了实现组织的目标可以实现学习地图开发的"突出重点、逐步扩展、分步实施、直至全部，确保企业战略目标达成"的效率最优过程。

那么，什么样的岗位才是组织中的关键岗位呢？

第一节　聚焦关键岗位

岗位序列相关概念

在组织里通常有几大类岗位序列，这些大类称之为职族，职族是最大类的划分，颗粒度最大，在企业中通常有五六个，比如技术、生产、营销、管理、职能等，是根据各专业领域对公司业务流程的支持进行的分类。以"技术族"为例，它是负责公司产品和技术在行业中的先进性；"生产族"

负责公司产品质量、生产成本和产量。(如图2-2所示)

职族	工作职责
管理族	负责公司发展战略、经营决策和管理、计划、组织和协调
技术族	负责公司产品和技术在行业中的先进性
生产族	负责公司产品质量、生产成本和产量
营销族	负责公司品牌、市场占有率、产品销售
职能族	为公司核心业务提供各种专业支持和服务

图2-2 职族的分类

在职族下,又包含了不同的职种,也称为岗位序列。以"生产族"为例,它包括了操作类岗位序列和维修类岗位序列;再比如"市场营销族"下又包含了销售岗位序列以及售后服务岗位序列等不同的职种,这是根据工作性质进行的分类。

在岗位序列下一层,又包含了若干个职位,例如:

✓ 以销售岗位序列为例,包含了销售顾问岗、销售经理岗、销售总经理岗、店长等不同级别的职位;

✓ 再比如人力资源岗位序列又包含了专员岗、主管岗、经理岗、总监岗等不同级别的职位。

职位是颗粒度最小的单元,也称为岗位,员工通过职位与组织结构挂钩。大部分职位是有分级的特征,每一级对应着一个岗位。(如图2-3所示)

问题来了,绘制学习地图的时候以哪一层级为单位呢?是职族、职种、还是职位?要选择职种,也就是岗位序列作为绘制学习地图的对象。这是因为职族的分类过大,颗粒度比较粗糙,不容易落地。而如果选择职位,比如销售顾问岗,体现不出来员工的职业成长路径。选择了职种,也就是岗

职族	职种（岗位序列）	职位
技术	设计类	助力设计师、设计师、首席设计师
	工艺技术	工艺员、技术员、技术组长、设计师
生产	操作类	初级技工、中级技工、高级技工
	维修类	初级维修电工、中级维修电工
市场营销	销售类	销售顾问、销售经理、销售总经理、店长
	售后服务	服务顾问、服务经理、服务总经理
管理	经营	总经理助力、副总经理、总经理
	管理	副部长、部长
职能	人力资源	专员、主管、经理、总监
	培训	专员、主管、经理、总监
	财务	主管、经理、总监
	行政事务	办公室秘书、综合文秘

其中，技术、生产、市场营销属于业务序列；管理属于管理序列；职能属于职能序列。

图 2-3　职族/职种/职位关系

位序列作为学习地图的绘制对象，能清晰地体现出职位从基础到中层，再到高层的晋升路径。

其实，在实际工作中称呼更多，比如职族、职群、职类、职系、职种、职位，这些种类繁多的称呼，在每家企业没有完全统一，颗粒度也不一定相同。根据主流企业的实际岗位配置，选择了职族、职种、职位这三个层级的概念。（如图2-4所示）当然，有的企业分成了四级，有的甚至更多，因此这几个概念也是相对的概念，是对具有相似工作特征的岗位进行的归类，在实际操作中可以灵活调整。

接下来为职种，也就是岗位序列进行一下定义。它是在职族大类的基础上对岗位进行细分得来的。这些职位在同一业务系统内承担相同业务板块功能和责任，它们的业务活动性质与过程相似性很高，并且产出结果，也就是绩效标准也具有一致性，同一岗位序列的任职者所需要具备的能力相近或相关。在绘制学习地图时，因此优先考虑职种也就是岗位序列作为学习地图的对象。

| 第二部分 绘制关键岗位学习地图 |

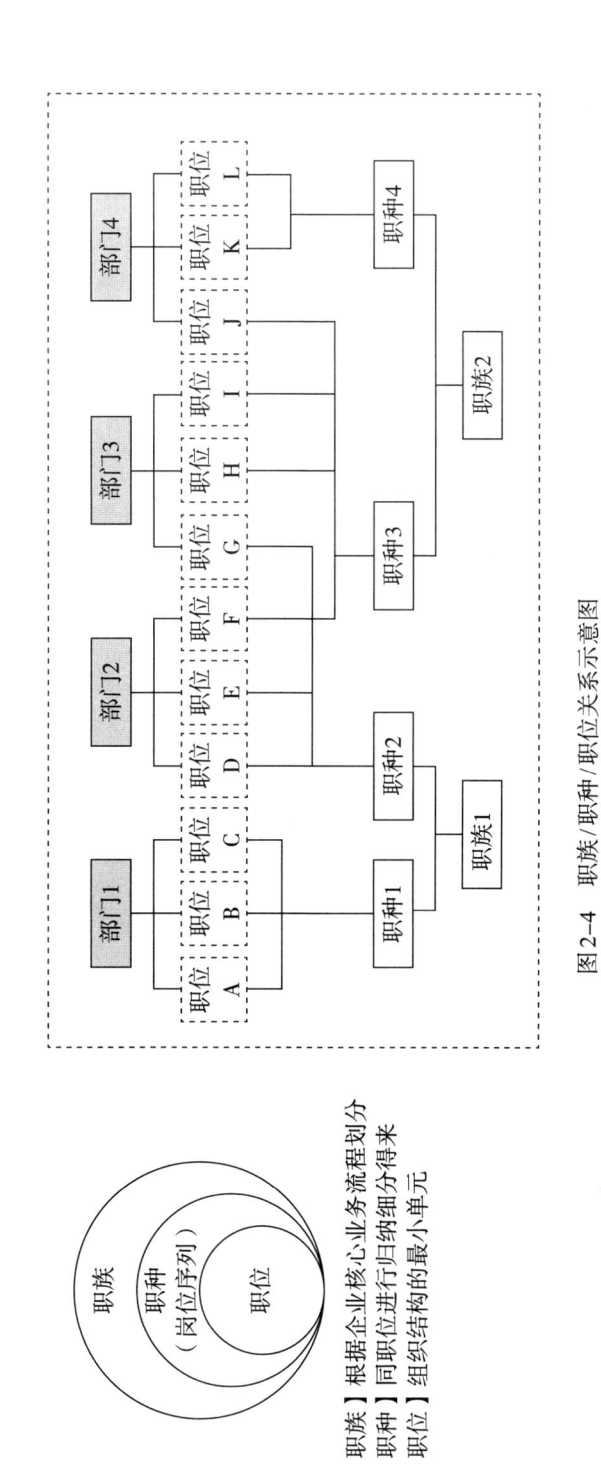

图 2-4 职族/职种/职位关系示意图

【职族】根据企业核心业务流程划分
【职种】同职位进行归纳细分得来
【职位】组织结构构的最小单元

053

绘制学习地图的三种类型

在搭建学习地图时有三种典型的类型，分别是：

整体型学习地图

这是针对整个组织、集团的完整的学习地图。先要考虑组织的架构，围绕主营业务从并行的管理序列、职能序列、业务序列几个大的板块进行分级规划，并且要综合考虑纵向晋升学习包与横向轮岗学习包的必要性。

既然是整体性的课程体系建设，要考虑组织的战略目标基础上，再根据岗位职责与工作流程规划学习地图。

群体型学习地图

可以是针对核心管理层，可以是针对后备干部，也可以是针对新入职的员工，针对不同的人群建立学习地图。

还有一个可能是，因为组织的动态战略目标会涉及不同业务部门、不同层级的人群，比如建筑集团在今年重点工作是海外基础建设的项目拓展，这个战略目标涉及了多个部门比如海外项目事业部、法律法规部、外包团队监理部等，围绕着组织目标拆解相关人群的工作目标，为这些有关的群体设置相应的学习地图。

关键岗位型学习地图

这是针对组织中重点岗位序列建立的学习地图，一般而言组织中的核心业务不会是由单一岗位创造完成的，因此学习地图聚焦最小颗粒度岗位序列。当组织中的培训资源、培训经费有限的时候需要把钱和时间花到刀刃上。也就是建议首先聚焦关键岗位，为他们绘制学习地图。

当然，无论是哪种类型的学习地图，绘制方法及步骤都是相同的，多个岗位需要的学习地图最终组合成群体型学习地图。

基于以上，对学习地图中出现频率最高的几个概念达成共识：

- ✓ 岗位，也就是职位，是与人对应的，通常由一个人承担，是能够由一个人来完成的各种工作职责的集合。比如销售顾问、销售经理、销售总监。
- ✓ 岗位序列，也就是职种，是具有相同工作性质及相似任职能力要求的一类职位的通称。比如销售岗位序列、售后服务岗位序列。
- ✓ 岗位序列层级，是对岗位进行"打包"划分序列后，还要考虑该岗位序列的层级划分，既要考虑现有的人力资源状况，也要考虑未来组织发展的需求；既要充分考虑员工的职业发展，也要为员工留出足够的发展空间。划分岗位序列层级的主要依据是工作性质、任职要求、职责范围、关键绩效指标、工作的复杂程度，以及职位现状和未来需要等。例如将售后服务序列划分为服务顾问、服务经理、服务总经理三个级别。

了解了将职种作为学习地图对象之后，就可以考虑为哪些岗位序列，也就是为谁，在什么时间，设置什么样的学习内容了。

- ✓ 第一大类是管理序列，无论是组织的基层、中层亦或高层管理者，他们都从事管理工作，主要职能是负责公司发展战略、经营决策和管理。
- ✓ 第二大类是职能序列，为公司核心业务提供各种专业支持和服务，从事某个方面的职能管理工作但不具备独立管理职责，比如人力资源、财务部门、党群工会、行政办公等各个职能部门。
- ✓ 第三大类是业务相关的序列，围绕着主营业务的各个业务线，例如技术、生产、营销等各个业务线条，是实现组织战略目标的核心群体，是承担并完成经营目标的主体，也是绘制学习地图中需要重点关注的群体。

无论从员工的角度还是组织的角度，都希望追求更高更好的发展，比如从基层到中层甚至到高层，也需要组织提供明确的晋升制度并配备完善的学习资源，员工可以以更高的格局、更宽广的视野，在个人发展和公司期望之间寻求平衡，得到长足发展。

因此，需要为各个岗位序列设计不同的岗位层级，体现能力与素质的差异性。（如图2-5所示）

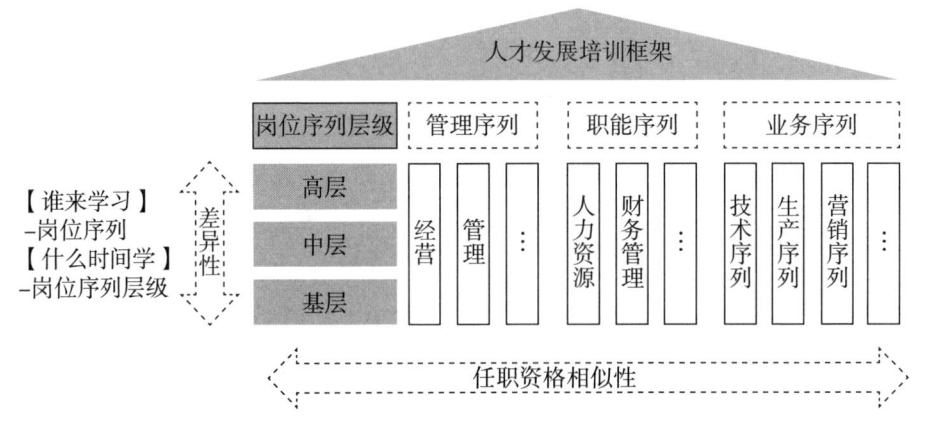

图2-5　确定学习对象与层级

什么是关键岗位

关键是起决定性作用，关于如何确立哪些岗位是关键岗位，首先得理解关键的含义。对于组织而言，关键岗位关系到组织的生存发展、担负着组织的重要绩效达成。

MBA智库中给出的定义如下：

> **关键岗位**
>
> 关键岗位指在企业经营、管理、技术、生产等方面对企业生存发展起重要作用，与企业战略目标的实现密切相关，承担起重要工作责任，

> 掌握企业发展所需的关键技能，并且在一定时期内难以通过企业内部人员置换和市场外部人才供给所替代的一系列重要岗位的总和。

比如，一个组织在当前阶段，可能是以研发新产品、新技术为最重要的目标，可能是以安全生产为最重要的目标，或者可能是以拓展销售渠道为最重要的目标，他们都是围绕着企业的战略目标，并且是动态变化的。

如何判断关键岗位

判断关键岗位的一个重要前提是岗位要与组织当前的重要任务与未来的战略规划密切相关。如果当前的重要任务是产品研发，那么掌握核心技术的科研人员就是关键岗位；如果当前的首要任务是新产品的市场拓展，那么具有开拓能力的营销人员就是关键岗位；如果当前并且在很长一段时间内需要稳定的产量和产品质量，那么一线生产员工就是关键岗位。因此，关键岗位不但是组织最有价值的岗位，而且是随着组织的战略目标动态变化的。

关键岗位与组织利益息息相关，即关键岗位对创造和实现组织利润至关重要。例如在某制造业企业，利润是附着在产品里的，那么对产品的生产研发序列就是关键岗位；产品需要卖出去，才能实现利润，那么市场营销序列也是关键岗位。由此就找到了该企业的两个关键岗位序列：生产研发序列与市场营销序列。

通常情况下，组织对自己的关键岗位、核心人才是有明确定位的，但如果刚接触这一个概念，对关键岗位还没有清晰认知的情况下可参照表2-1所示辅助判断。

表2-1 关键岗位参考依据

关键岗位参考依据		
项目	说　明	权重占比
战略吻合	与组织战略高度吻合、高价值	
技术复杂	工作内容复杂、承担技术创新职责	
人员众多	人员规模大、覆盖广、体现差异化人才	
流动性高	离职率高、人员流动性大	
可复制	有标准的工作流程、工作规范，工作经验可复制	
合　计		
说明：根据企业实际情况为每一项设计权重比例，权重总和为100%		

哪些因素决定这个岗位是企业中的关键岗位呢？通常有这么几个判断依据：

参考一：战略吻合

首先要体现组织战略，与企业战略高度吻合。一个有效的培训体系一定是以组织战略为导向的。判断关键岗位的一个重要前提是岗位要与组织当前的重要任务和未来的战略规划密切相关。

组织战略的吻合还体现在高价值上。关键岗位与组织利益息息相关，也就是说关键岗位对创造和实现企业利润至关重要。

因此，关键岗位不但是组织最有价值的岗位，而且是随着企业的战略目标动态调整的。

参考二：技术复杂

如果岗位的工作内容复杂，甚至承担着技术创新工作，在短时间内很难招聘到相关的技术人员，并且因为技术壁垒为企业产生高价值的利润甚至能形成行业垄断，比如高科技产品的芯片，那么技术复杂的研发序列就是组织的关键岗位了。

参考三：人员众多

如果人员众多、覆盖广、岗位设置常见，在行业领域内每个企业都普遍设置了这个岗位，并且需要差异化制定人才培养才能实现价值，提升企业的竞争力。这时候岗位的人员数量也是判断是否是关键岗位的重要因素。

参考四：流动性高

如果岗位的流动性高，离职率居高不下，现任的离开会给企业造成重大损失，在短期内又很难通过企业内部的人才置换和市场外部人才招聘所替代，这种情况也是判断是否是关键岗位的重要因素。

参考五：可复制

无论以上哪一个因素，都需要判断这个岗位的工作经验是否可以复制。这是一个非常重要的因素，只有趋向标准的工作流程、操作标准，可以被总结提炼出来，才能传递给新人，否则只能依靠隐性的工作经验是很难保留下来并且进行工作经验的沉淀、传承与复制的。

通过以上内容的分享了解了在组织中有关岗位序列的相关概念，以及如何聚焦关键岗位序列。

第二节　规划人才发展通道

无论是业务序列还是职能序列亦或是管理序列，特别是组织内的关键岗位序列，它们都有自己的发展路径，只有厘清岗位序列的人才发展通道才能着手绘制符合职业成长路径的学习地图。

学习地图需要体现晋升或轮岗的成长路径，员工希望通过学习地图看到自己的未来。在规划关键岗位的发展路径时，有几种经典的人才发展通道：聚焦一个岗位序列的人才发展通道、Y型双通道人才发展通道、三类人才发展通道以及完美田字格型的人才发展通道。

聚焦一个岗位序列的人才发展通道

聚焦一个岗位序列的人才发展通道是指边界很清晰的职业发展路径，通常是围绕一个专业晋升渠道或者一个管理晋升渠道发展的，只需要考虑职业纵向跃迁的晋级学习包，而不需要考虑横向轮岗学习包。比如一位营销人员从新员工开始，转正为营销顾问，晋升为营销主管、营销经理，最终晋升为营销总监，因为只聚焦一个岗位序列，学习地图路径清晰，更像一条学习路径，但这条学习路径不是从入职到胜任之间的路径，而是一系列在职位上连续成长的学习路径。（如图2-6所示）

Y型双通道人才发展通道

最初的学习地图，多以专业技术路线呈现胜任一个岗位需要的学习内容，随着理论研究逐渐深入，伴随着专业技术工作的管理工作就逐渐独立出来，比如华为公司为员工的职业发展设计了双通道，也称为"Y型通道"，包括技术和管理两条职业发展通道。在双通道机制中，每位员工拥有两条职业发展通道，既可以选择专业技术通道，也可以选择管理通道发展。（如图2-7所示）

- ✓ 当岗位晋升时，设置了纵向跃迁的晋升包，帮助员工更好适应更高层级的工作，为员工提供了晋升学习和发展课程，明确培训目标和重点。
  - 当员工需要专业技术路线发展时，为基层员工晋升到业务骨干甚至业务专家，均提供了相应的专业学习内容和胜任标准。

| 第二部分　绘制关键岗位学习地图 |

单岗位序列人才发展通道（营销岗位序列示例）

晋升学习包，包括面授/在线学习课程与训练营

晋级包1	入职90天训练营、产品知识、销售流程与技巧、商务礼仪
晋升包2	客户沟通、商务谈判、客户管理、销售王者训练营
晋升包3	经营管理、进销存管理、团队管理、新经理训练营
晋升包4	销售战略与计划、团队激励、高层人员工商管理

营销经理 ← 晋升包4、晋升包3

营销顾问 ← 晋升包2、晋升包1

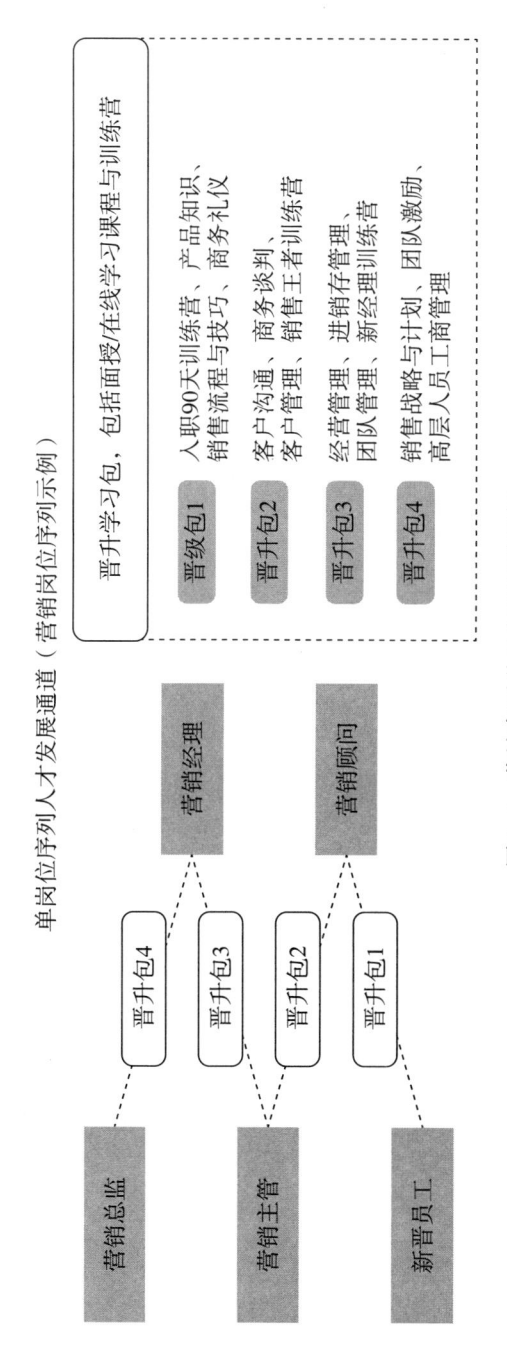

营销总监

营销主管

新晋员工

图2-6　营销序列学习发展通道示例

061

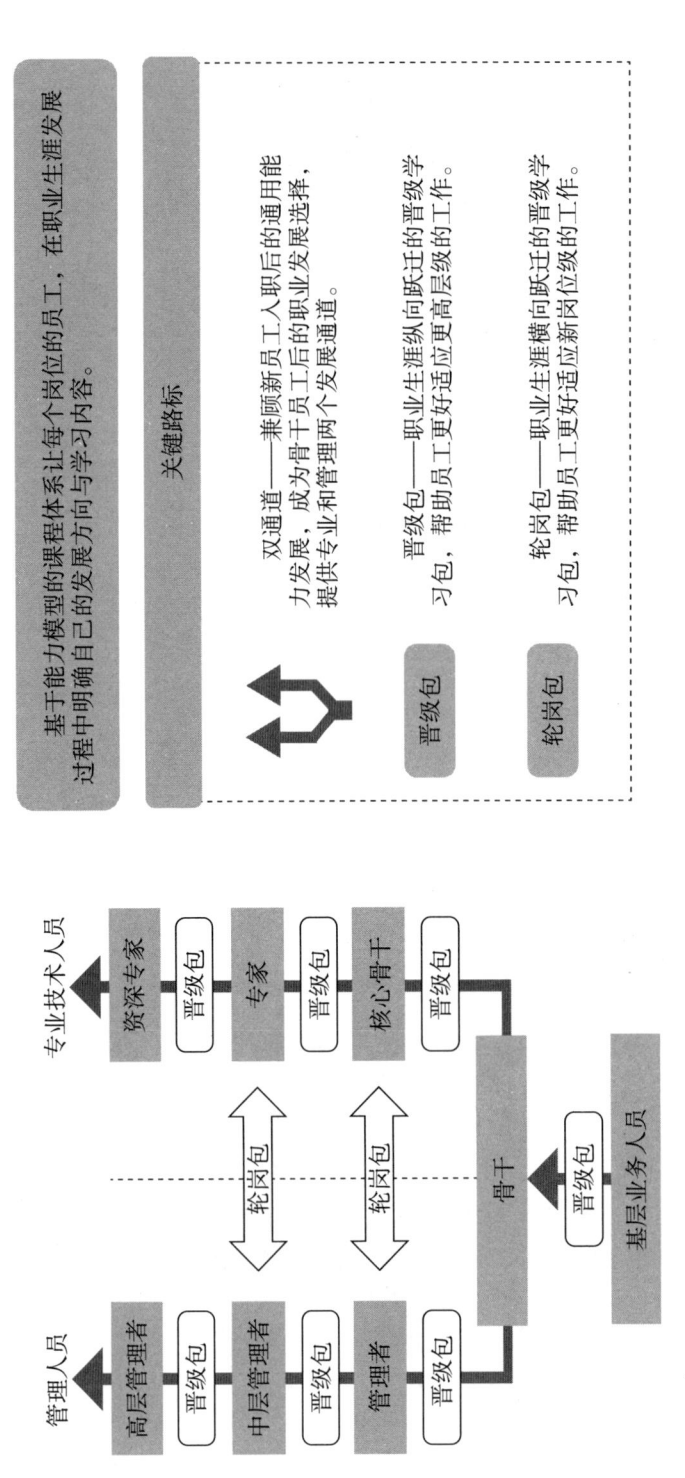

图 2-7　Y 型人才发展通道示例

- 当员工需要管理路线晋升时，为基层管理人员晋升到中层管理人员，或跃迁到高层管理人员，提供了每一级晋升所需的管理学习内容与胜任标准，提供管理技巧、管理工具，从而帮助员工提升管理能力。
- ✓ 当需要轮岗时，设置了横向转换的轮岗包，打通了横向的专业技术通道与管理通道，当发生职业生涯转换时，为员工提供转换目标所需要的学习内容，帮助员工在较短时间内快速掌握新岗位的工作内容，更好的适应新岗位的工作。

Y型通道设计可以让每个员工在职业生涯中都能明确自己的发展方向与学习内容，帮助员工快速适应新岗位的要求，为组织人才的发展提供有效的助力。

三类人才发展通道

还有一些组织在实践中不断探索，在Y型人才发展双通道基础上将专业技术人员又拆分为了技术人员和技能人员，形成了三类人员的人才发展通道。比如南方电网公司三类岗位种类的人才发展通道，是根据国家人事部门规定，事业单位岗位分为管理岗位、专业技术岗位和工勤技能岗位三种类别。从事三种岗位的人员即为管理人员、专业技术人员和技能人员。

根据三类人员从事的工作内容、职业通道不同，在胜任和发展中的偏向侧重也有所不同：

- ✓ 管理人员的胜任能力以潜能为主，以知识技能为辅；
- ✓ 专业技术人员的胜任能力是知识与技能并重；
- ✓ 而技能人员则以技能为主，以潜能知识为辅，知识目标服务于技能目标。

根据三类人员的胜任要求分别建立相应的能力素质模型，在此基础上再绘制学习地图。（如图2-8所示）

绘制关键岗位学习地图

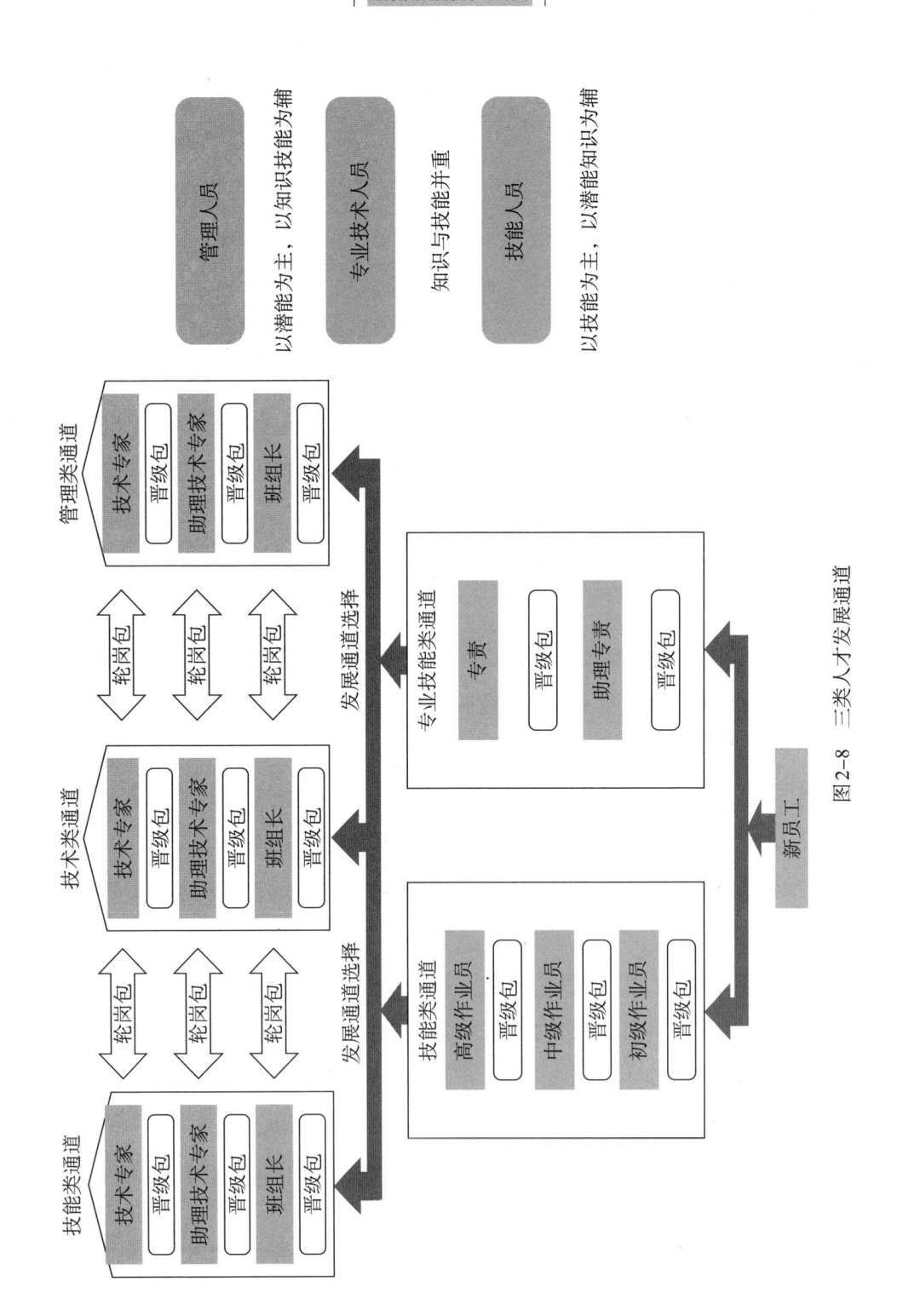

图 2-8 三类人才发展通道

完美田字格人才发展通道

田字格型的人才发展通道之所以称之为完美，是因为它代表了一种理想的状态，无论是职业生涯的纵向跃迁还者是岗位序列之间的横向发展，都有相应的学习包与之匹配，可以作为理想模型的参考。

因为组织的业务发展与战略目标会因为市场而发生变化，所以在实际应用中无论是岗位序列，还是层级，亦或晋升与轮岗的学习包都需要动态调整。（如图2-9所示）

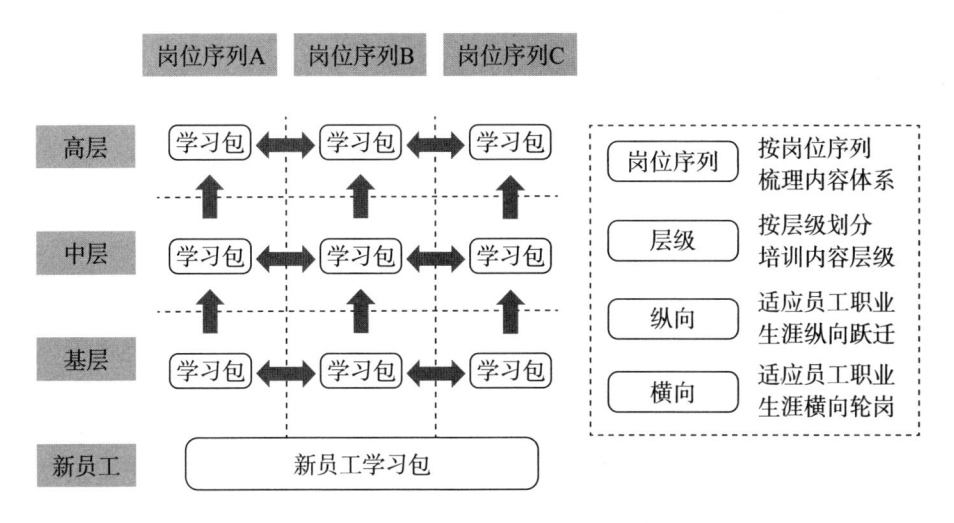

图2-9 完美田字格学习发展通道

第三节 明确输出结果

明确了为哪些关键岗位序列绘制学习地图，也厘清了关键岗位序列的人才发展通道，接下来还有一件事情需要确定，以终为始，提前明确学习地图中所包含的培训内容到底有什么。因为学习地图的输出不是标准，每个组织、每家企业阶段的战略目标都不相同，对学习地图的期望值也不一样，要求的输出结果也是多种多样的，因此在绘制学习地图之前要提前考虑清楚学习地图到底长什么样，特别是学习地图中所包含的培训内容都有哪些类型。

这需要从三个角度出发进行思考，分别从组织的角度、管理者的角度以及员工的角度，看他们分别希望从学习地图中获得什么。

员工角度的学习地图

从员工的角度，他们更关注职业成长路径，希望有清晰的晋升渠道，希望在学习地图中看到与之匹配的学习包，常见的是完整的课程资源库和经典的案例库。

管理者角度的学习地图

从管理者的角度，他们希望在成就员工、提供培训资源的同时，更注重通过学习地图明晰岗位职责，把原来没有说清楚、讲明白的工作任务表述清楚，能够输出标准的岗位职责、工作手册、标准流程，以及辅助工作的各种工具，管理者更希望从实际工作出发，培养员工的职业能力和素质。

组织角度的学习地图

从组织的角度出发，他们更侧重结合企业战略，有清晰的成长路径，兼顾组织要求与员工能力成长要求，具有一定高度的人才发展地图。

结合以上，学习地图的输出结果中可能有课程资源库的清单、案例集、岗位职责、工作手册、标准流程、工作规范等不同的内容形式。请注意，并不是要求输出所有类型的培训内容，这些成果的范围还是很广泛的，因此，在绘制学习地图之前，根据企业的实际需要明确最终的输出结果。（如图2-10所示）

```
          组织
     员工    管理者
```

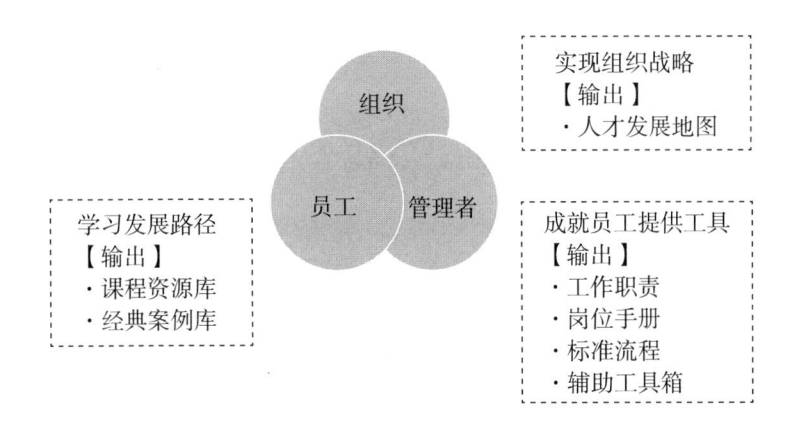

实现组织战略
【输出】
・人才发展地图

学习发展路径
【输出】
・课程资源库
・经典案例库

成就员工提供工具
【输出】
・工作职责
・岗位手册
・标准流程
・辅助工具箱

图 2-10　明确学习地图输出结果

第二章　为关键岗位建立能力素质模型

了解了能力素质模型对学习地图的意义，接下来需要为关键岗位序列搭建能力素质模型了。由于组织的性质不同，阶段的战略目标也不相同，岗位的能力要求更是迥异，因此能力素质模型也是多种多样的。我们都希望在为关键岗位序列建立能力素质模型过程中，不要耗费太多的精力和时间，是否有更快捷的方法敏捷建立能力素质模型呢？接下来就探讨这种敏捷建模的可能性。

第一节　为关键岗位敏捷建模

1.寻找模型依据

为关键岗位敏捷建模，需要从能力素质模型最基本的意义以及从组织和员工的视角统一进行考虑。

基于组织战略与员工工作任务两个维度

在探索敏捷能力素质模型之前，需要确定两个基点：

基点一：从组织的战略角度出发

学习地图，特别是关键岗位的学习地图，首先是从组织的角度出发，肩负着使命，实现组织的战略目标，因此能力素质模型一定要基于组织战略。

基点二：源于实际的工作任务

从员工的角度出发，让不同岗位序列、不同层级的职业发展有清晰的学习指引，特别是关键岗位肩负着组织的业绩达成，一定要源于实际的工作任务。

参考梯形模型理论

参考梯形模型理论，以员工的工作行为为出发点，拆解行为背后所需的知识体系为支撑。支撑不同行为背后的知识体系是不相同的，其中：

- ✓ 行为层，是实现工作任务目标过程中的"言谈举止"，是表现出来的动作行为；
- ✓ 支撑层，是一个人外在行为背后所具备相应的知识体系，包括偏显性的知识体系与偏隐性的知识体系。
  - 偏显性的知识体系：比如知识、技能、态度等。
  - 偏隐性的知识体系：比如思考方式、内驱力、社会动机等。

通过对能力素质模型的分析，了解了胜任岗位的员工具备的行为层和非行为层，绩优者与普通员工的差异更多体现在非行为层，特别是思考方式、思维定式以及内驱力、社会动机等隐性的能力素质上。分析一个人的工作行为为出发点，拆解其行为背后的知识体系，就可以获得敏捷能力素质模型的参照框架。（如图2-11所示）

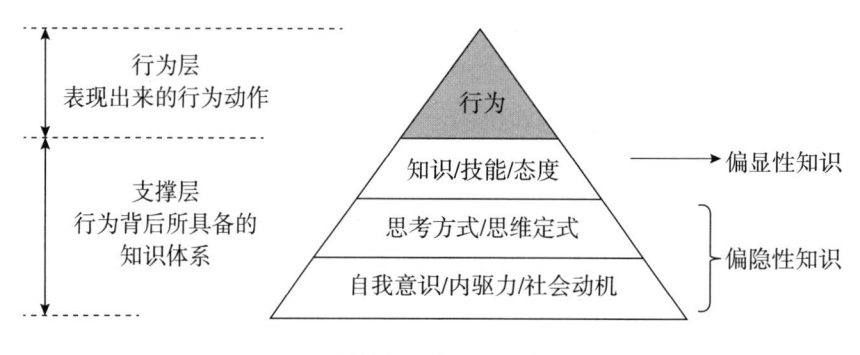

图2-11 敏捷能力素质模型参考依据

2.敏捷建立能力素质模型

基于以上，把关键岗位能力素质模型定义为战略与任务双驱动的能力素质模型，在模型中无论是知识技能还是能力素质都需要从组织战略与关键岗位的实际工作任务两个角度出发。

依据能力素质模型绘制学习地图，通过组织经验的萃取获得关键岗位在完成工作任务所必备的知识，特别是专业知识，新员工通过模仿绩效优秀员工的行为是见效最快的培训方式之一。但仅仅是行为上的转变还不能完全承担起组织对员工长远发展目标的期待，还需要从更深层次建立员工的组织认同和能力提升，也就是能力和素质的培养。取得优异的绩效是由"规范的行为+良好的能力+潜在的素质"共同完成的。其中"规范的行为"也就是专业知识是显性的，而"能力"和"素质"是隐性的，是影响行为和绩效的内在原因，不容易测量和观察，因此需要将其转化为显性行为提炼萃取出来，再通过培训和学习加以改善。所以在组织培训中需要结合能力素质模型，将能"看得见"的学习内容和学习项目呈现在学习者面前。（如图2-12所示）

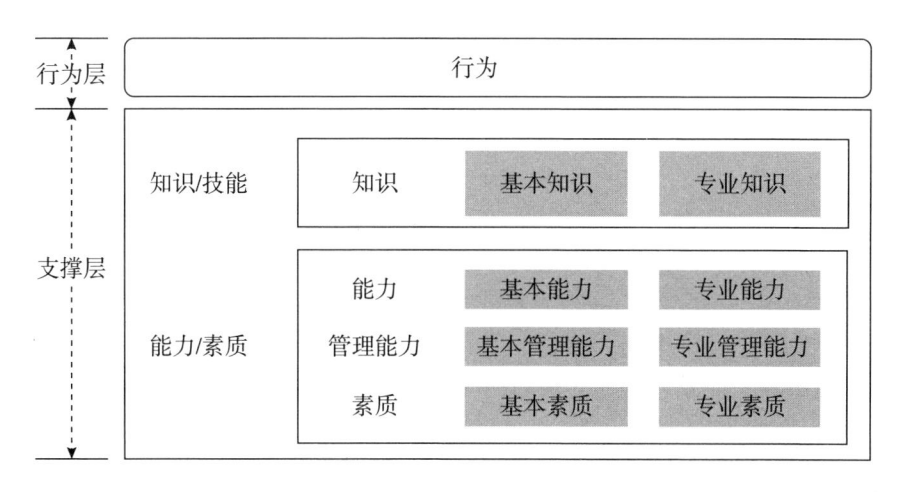

		行为	
行为层			
支撑层	知识/技能	知识	基本知识 / 专业知识
	能力/素质	能力	基本能力 / 专业能力
		管理能力	基本管理能力 / 专业管理能力
		素质	基本素质 / 专业素质

图 2-12　关键岗位学习地图敏捷参考建模

（1）统一名称

不同组织所关注的能力素质模型侧重点不同，比如有的组织关注全员角度，有的组织更关注不同的岗位序列。"能力"与"素质"的命名也不统一，比如有的组织将全员需要的能力称之为"核心能力"，也有的称之为"基本能力"，有的组织将全员需要的素质称之为"核心素质"，也有的称之为"基本素质"。

为了表述一致，特别是凸显关键岗位序列的重要性，在能力素质模型中统一命名：

- ✓ 组织中对全员要求的，统一命名为"基本"。例如需要掌握的行业与企业知识称之为"基本知识"、组织需要全员具备的"基本能力"、组织需要全员所拥有的"基本素质"。
- ✓ 与岗位序列密切相关的，统一命名为"专业"。例如生产、研发、营销序列需要各自的"专业知识""专业能力""专业素质"。

（2）关键岗位敏捷能力素质模型构成

在该模型中包括了两个模块的内容，分别是知识技能模块与能力素质模块。

模块一：知识技能模块

第一个模块是知识与技能，也就是偏显性的知识体系。这个模块的内容可以分成两类：一类是基本知识，它主要来源于行业和企业，比如企业文化、企业理念、行业的基本知识；另一类是专业知识，是学习地图中最重要的组成部分，也是关键岗位最核心的知识模块，所有的知识来源于实际的工作任务。

知识是支撑工作行为所需要了解的，尤其是专业的程序性知识，需要业务专家共创，也是该模型最能有效改善行为提升绩效之处。

- ✓ **基本知识：来源于行业与组织**
  - 行业知识：需要了解整个行业的基本知识。行业一般是按照其生产同类产品或具有相同工艺过程划分的，比如餐饮行业、服装行业、机械行业、金融行业、汽车行业等。以汽车行业为例，需要了解的行业知识比如汽车发展史、汽车种类等。
  - 企业知识：需要了解本组织的基本知识，是企业生产经营过程中需要了解的。比如奔驰汽车企业中的奔驰汽车发展史、奔驰汽车的企业文化与理念、奔驰汽车系列产品等。
- ✓ **专业知识：来源于岗位序列**

专业知识来源于岗位序列，与工作任务紧密相关，也就是说为了完成工作所需要掌握的知识。包括"陈述性知识"与"程序性知识"。

  - 陈述性知识：回答"是什么"的问题，偏理论性，或称为"理论知识"。以汽车维修岗为例，需要了解的陈述性知识例如汽车构造、汽车发动机工作原理等。
- **程序性知识**：回答"怎么做"的问题，也称为"技能知识"，在组织经验萃取中作为重点内容进行提炼与沉淀，是从岗位的工作任务中提炼出来的。以汽车维修岗为例，需要掌握的技能有汽车发动机维修、汽车电路维修等。

模块二：能力素质模块

模型的另一个模块内容是能力与素质，也就是偏隐性的知识体系，这个模块的能力素质项是影响员工工作绩效的更深层次的知识体系。

✓ **能力**

在实际生产过程中希望在竞争领域中达到领先地位，企业需要员工拥有的业务能力体现在两个方面，一方面是基本能力，另一方面是专业能力。

- **基本能力**，来源于组织发展战略。每家组织的战略选择不同，实现战略的核心能力会不同，需要围绕组织战略识别和规划员工的核心能力项目，例如某组织要求全员具备学习能力、倾听能力、协作能力等。
- **专业能力**，来源于岗位序列。企业中不同业务线在日常工作中所必须具备的基础技能也不相同，需要根据岗位角色与责任目标识别出来，比如营销序列需要沟通能力、谈判能力等，而研发序列需要信息收集能力、归纳分析能力、创新能力等。

✓ **管理能力**

管理能力是指围绕完成业务所需的管理工作所需要的能力。简单来说，就是指管理者在给定的资源条件下，带领团队取得高绩效所表现出来的一系列行为特征，例如团队建设能力、团队激励能力、培养创新能力、组织协调能力、监督管控能力、危机管理能力等。

有的组织要求区分基本管理能力和岗位序列专属的专业管理能力。更多的组织是根据管理层级来构建的，这样既能关注同一层级管理者在领导力方面的共性要求，也能够体现不同管理层级的领导力差异，多个层级的模型是可以有层级递进和延续性。通常管理能力素质模型会分为基层、中层、高层三个层级。

- 基层需要具备：领导团队、培养人才、赋能团队的能力。
- 中层需要具备：建设高效团队、吸引人才、赋能高效团队的能力。
- 高层需要具备：战略性思维、引领变革、策略规划能力等。

✓ **素质**

素质隐藏最深的潜在特质，就是"愿不愿意、适不适合做某事"，决定了一个人是否能很好地完成某项任务，例如动机、特质等。素质是态度、自我意识、个性特征的集合，是一个人在无人监督状态下的一种习惯。将素质分为两类：第一类是要求组织全员通用的基本素质，第二类是与一条或多条岗位序列密切相关的专业素质。

- 基本素质。也称为全员素质，是组织全员通用的，来源于企业文化。由于每个组织的文化价值理念不同，对员工的素质要求也不相同。例如某企业为大型央企，业务范围覆盖油气业务、石油工程建设等，企业需要员工具备诚信正直、敬业精神、责任担当、安全意识、创业精神等基本素质。
- 专业素质。与岗位序列密切相关，为了履行本职工作所承担的角色或岗位职责必须具备的一些最基本的思维倾向、状态和习惯。例如某企业研发岗位序列所需要创新精神、保密意识等基本素质，而营销岗位序列需要服务意识、客户导向等基本素质。

（3）敏捷能力素质模型特征

在组织中，不同员工具备不同的知识结构与能力素质，不同岗位有不同的职责与要求，关键岗位的学习地图通过针对性培养、因材施教，使人岗匹配，提升绩效，助力人才成长。具体说，敏捷能力素质模型让学习地图呈现出以下几方面的特点：

- ✓ **体系战略化**：组织采取不同的战略，需要不同的业务发展模式。通过战略引导方向，组织驱动落实，构建符合企业文化、具有组织特色的培训体系，不仅能向上承接组织发展战略，还能对员工职业发展和技能提升有显著意义。

- ✓ **成果实效化**：基于各岗位序列人才、不同层级的业务要求开发培训项目。组织根据实际情况，依据岗位的工作任务建模，关注基本素养的基层之上，更关注员工的绩效提升，解决行为问题，让所学知识更容易落地。

- ✓ **内容定制化**：培训内容从"外部"到"内部"，培训主题和内容更多来自于本组织的业务，由组织内优秀经验萃取沉淀得出，通过设计培训活动复制传播，形成组织专属的知识资产，对培养员工产生长期的作用。组织内部产出的培训内容，也满足了培训适应业务变动实时调整的动态需求。

☕ **温馨提示**

1. 能力素质模型是一个整体

关键岗位参照的"战略与任务双驱动"的能力素质模型，理论上由外显的个体行为和内在的动机特征组成，模型的重心不是研究一项显性行为或一项隐形素质，也不是研究一项显性行为与一项隐形素质之间点对点的关联关系，而是为了提升技能、胜任岗位提供的一整套内容资源体系。通过在实际工作任务场景下完成关键工作，掌握知识技能，认可组织战略文化，达到人才培养和复制的目的。

2. 是否区分岗位序列的员工素质根据组织实际需要出发

很多组织非常重视全员需要的基本素质，而不再强调岗位序列与业务线的专业素质。有的组织则希望把与岗位序列密切相关的专业素质体现出来。关于是否区别开来，完全根据实际需求进行决策。

3. 在敏捷能力素质模型基础上"做减法"

参考敏捷能力素质模型为关键岗位序列迅速建模，可以采用全部的能力素质项，也可以只采用显性的"知识技能"模块或隐性的"能力素质"模块，之所以称之为敏捷建模就是希望提供一个可参照的模型，根据实际需要对模型进行"减法"，而不再需要耗费更多的精力去考虑"添加"内容。

第二节　开发能力素质项

在上一节中已经为关键岗位找到了敏捷的能力素质模型做参考，在为特定的关键岗位序列绘制学习地图时就有了基本的理论框架。敏捷能力素质模型的构成由两部分组成：第一部分是外显的知识与技能，主要来源于岗位实际的工作任务，在后续的章节中会作为重点展开介绍；第二部分是潜在的能力与素质，这部分知识体系是隐性的，是员工绩效表现的更深层次的支撑部分。相比岗位专业技能而言，隐性的能力素质应用也会更广泛，比如素质项"诚信正直"、"责任担当"，比如能力项"沟通能力"、"说服能力"，这些能力素质项不仅适用于各岗位序列，同样适用于各个组织以及各个行业。

在人力资源工作中常见的能力素质模型，侧重探究隐性的能力素质，它有定位准确、提升绩效等诸多优势，但缺点是需要投入大量的资源和时间来研究每个特定的能力素质模型，这显然不是学习地图的重点，因此有必要对能力素质项的开发进行统一描述为更多组织提供参考资料，然后把时间和精力节省下来聚焦到获取关键岗位显性的知识技能上。

1.开发能力素质项

在一个组织中，不同的岗位要求员工具备的知识和能力水平是不同的，即便是同一岗位，在不同组织和不同行业中，对员工的知识和能力水平要求也可能不同。侧重寻找驱动个体产生优秀工作绩效的特征，一般会总结概括得出7±2，也就是5～9个指标。在实践落地中，组织需将这些"隐性"的，比如个性、态度、价值观、动机等转化为行为，通过行为化的方式加以展示，从而达到将抽象的能力素质具象化表述的目的，以便理解及应用。

在开发能力素质项时遵守穷尽和独立原则，可以采用"自上而下"与"自下而上"两个维度进行开发。自上而下的战略演绎法，包括高层访谈、企业文化推导、标杆分析等方法；自下而上的行为归纳法包括焦点小组访谈、问卷调查等方法。接下来分享几种经典的能力素质项的开发方法。

（1）战略演绎法开发"基本能力素质项"

能力素质项，特别是组织需要全员具备的"基本能力项"和"基本素质项"是紧密结合组织战略得来的，如果不能有效地结合企业文化与理念，开发的能力素质项就起不到对人才培养的指导意义。面对同样的环境和挑战，不同岗位序列所承担的关键任务是不同的，但他们的行为表现和内在倾向性都要适应组织战略，同时必须与特定的战略任务、特定的组织环境相匹配，因此在开发出多个能力素质项后还要回归组织战略，依据组织需求，特别是对战略情境任务的分析对能力素质项进行筛选，从而得到组织需要的"基本能力"和"基本素质"项。

> ### 战略演绎
>
> **【案例背景】**
>
> 来自某企业愿景中的一段话："为客户服务是企业存在的唯一理由，坚持以客户为中心，有效地响应客户需求，持续为客户创造长期价值进而帮助客户成功。坚持为客户提供有价值的服务，是持续努力的方向和成功评价的标尺。"
>
> **【企业文化推导】**
>
> 在这段话中，最关键的词，并且高频出现的是：以客户为中心，响应客户需求，为客户提供真正需要的服务。因此提炼出"以客户为中心"的能力素质项。
>
> **【提炼能力素质项】**"以客户为中心"
>
> 定义为：愿意站在客户的角度思考问题，通过深入了解客户需求、识别客户机会最终制订并实施能满足客户期望的解决方案，实现并维持稳定有效的客户关系。

案例一

某石油企业的理念是"产业报国，立成守信"，根据企业文化推导得到全员需要具备的基本素质项是诚信正直、敬业精神、责任担当。这个案例获得的素质项，特别是需要全员具备的素质，主要来源于战略演绎法，比如高层访谈、企业文化推导等，这几项也是很多企业要求员工所具备的素质项。

战略演绎

【案例背景】

某石油企业理念：产业报国，立成守信，与时俱进，业绩至上，以人文本，安全第一。

【企业文化推导】

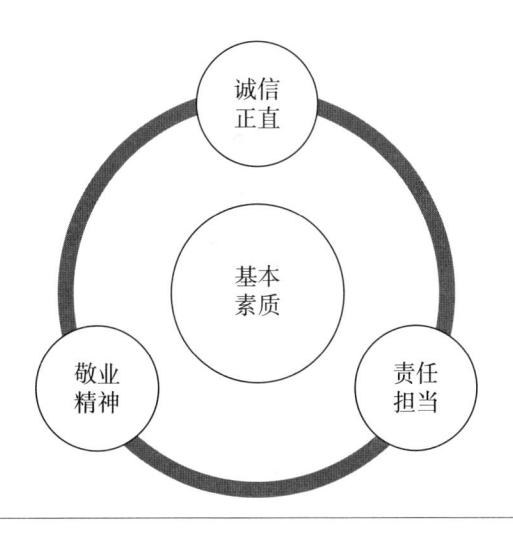

```
        诚信
        正直
         
    基本素质
         
 敬业           责任
 精神           担当
```

案例二

再分享一个提炼能力项的案例，某畜牧业集团企业宗旨是"以先进的技术、完善的服务、优秀的产品，促进中国畜牧业的发展，节省资源，致力环境保护，实现食品安全，造福人类社会"。该集团的核心能力是共赢、创新、追求结果。从企业宗旨中，通过战略演绎法获得集团需要全体员工具备的的基本能力是共赢、创新、追求结果。这几项也是能力素质词典中最经典的学习项目。

> **战略演绎**
>
> 【案例背景】
>
> 某畜牧业集团企业宗旨：以先进的技术、完善的服务、优秀的产品，促进中国畜牧业的发展，节省资源，致力环境保护，实现食品安全，造福人类社会。
>
> 【企业战略推导】
>
> 全员基本能力项
>
> - 共赢
> - 创新
> - 追求结果

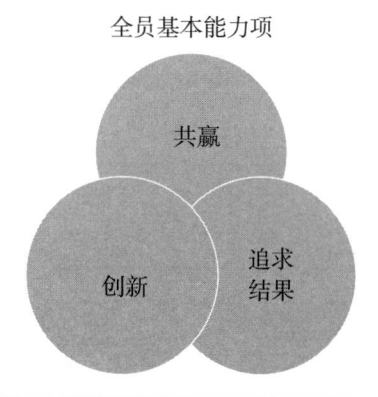

（2）行为归纳法开发"专业能力素质项"

"专业能力"和"专业素质"均来自不同的岗位序列以及岗位序列中不同的岗位层级，因此在筛选岗位序列相关的"专业"能力素质项时需要依据不同业务序列的实际需要，主要是邀请业务专家参与决策，权重加分后排列优先级。

在筛选时重点考虑两个因素：

✓ 不同岗位序列的需求。组织中支撑主营业务有序开展的关键岗位序列有若干条，不同岗位序列对能力素质项的需求是不同的。比如"营销序列"侧重"有效沟通能力"，"生产序列"侧重"安全生产能力",而"研发序列"更侧重"分析归纳能力"。
- ✓ 相同岗位序列不同层级的需求。在同一序列中,不同的岗位层级要求也是不同的。例如"研发序列(初级)"要求"获取信息能力""分析归纳能力",而"研发序列(中级)"要求"持续创新能力"。

温馨提示

兼顾"战略演绎法"与"行为归纳法"

当组织要求全员需要具备专业能力素质项,而不再按照岗位序列进行区分时,在开发筛选时需要兼顾考虑自上而下的"战略演绎法"与自下而上的"行为归纳法"两个权重。例如:
- ✓ 参考一:权重相同,所有获取的途径权重相同。
- ✓ 参考二:侧重战略演绎,既战略演绎的分值权重最高。
- ✓ 参考三:根据实际情况调整权重的比重与分值。

---

(3)敏捷卡片法

在以上两种开发方法基础上,再推荐一种更敏捷的开发方法:卡片法。

卡片法是通过整合外部组织经典的能力素质辞典、标杆企业能力素质库等建立的一整套包含行为定义、行为分级的卡片,由引导师带领业务专家进行讨论,参与者使用卡片作为工具,最终得出共同认可的关键岗位应具备的能力素质项。卡片法避免大量的访谈,流程简单,2~3天即可完成一个岗位序列的能力素质项开发。

注意,根据卡片法寻找到能力素质项后,可以直接使用外部公司提供的能力素质辞典,也可以根据组织实际情况优化调整,卡片或辞典实际上是为组织提供一个公共"池塘",基于这个池塘,可以做更多的排列组合,并在此基础上创新,得到的学习地图才适合组织自身的需要。

👥 寻找能力项

无论是基本能力还是专业能力，在实际工作中可寻找的维度很多，为了更敏捷的绘制学习地图，在这里分享一种快速寻找能力的维度，从"自己的事儿""别人的事儿"和"工作的事儿"三个角度出发。自己的事儿就是"为人"、别人的事儿就是与他人进行"协作"、工作上的事儿就是"处事"，其中：

（1）为人方面：是自己的事儿，需要自己具备的能力。比如"倾听能力"，在工作中表现出倾听意愿，迅速建立信任关系的能力；再比如"执行能力"，在面对任务和挑战时立刻采取行动，确保完成工作的能力。

（2）协作方面：是与他人合作过程中需要具备的能力。比如"沟通能力"是在与他人协作中非常重要的能力；再比如，"建立信任"也是在与他人协作中非常重要的能力，在坚持诚信正直的原则下，积极肯定他人和组织，并展示自己专业能力，以获得对方的尊重与信任。

（3）业务方面：在完成工作时个人需要的一些处事能力。比如"善用资源的能力"，都知道资源是完成工作必备条件，通过沟通协调，获得包括人力、物力、财力等合理的资源配置，并且提高资源的利用效率，以达成工作任务目标，创造卓越的工作价值；再比如"持续改善的能力"也是在工作中非常重要的能力，持续的优化意识，然后再选择优化方案，追踪改善效果，并且推广改善方案，在工作中始终秉持一颗持续改善的心。

（4）输出能力素质项的清单

完成能力素质项的开发与筛选后输出能力素质清单。

当侧重组织全员通用时

如果是组织要求全员通用的能力素质项，通常是由自上而下的"战略演绎"获得的项目清单,可以根据组织的战略目标或关键措施对能力素质项进行分类,特别是能力项的分类。

例如某能源类企业对全员要求的通用能力分为四类,分别是自我管理、分析判断、推动执行,以及沟通交流,在每一个类别下再罗列项目清单。(如图2-13所示)

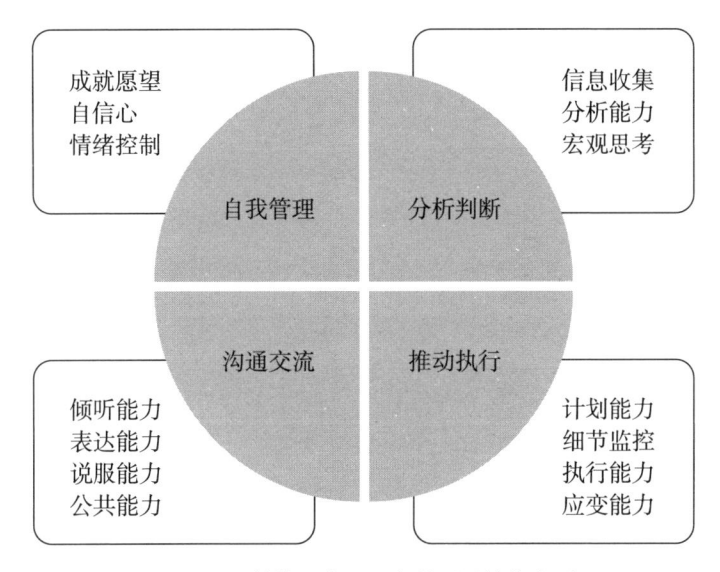

图2-13　某能源类企业全员通用的能力项

当区分岗位序列及层级时

当需要区别不同岗位序列及层级时,分别对不同岗位序列例如研发序列、生产序列、营销序列以及事务序列,还有为了保障业务有序进行的管理序列等职业发展路径,根据不同阶段新任期、成长期还是成熟期进行相应的匹配。因此,在输出能力素质清单时考虑两个因素:

✓ 不同岗位序列;

✓ 同一岗位序列的不同层级;

例如,某企业员工研发、生产、营销、管理等序列,不同层级的能力素质清单如表2-2所示。

表2-2 某企业多岗位序列不同层级能力素质清单

能力素质			研发序列			生产序列			营销序列			……
类别		项目	初级	中级	高级	初级	中级	高级	初级	中级	高级	
能力	专业能力	分析归纳	√									
		安全意识				√						
		谈判协商							√			
		建立信任		√			√			√		
		……										
	基本能力	倾听能力	√			√			√			
		执行能力	√			√			√			
		有效沟通	√			√			√			
		……										
素质	专业素质	创新精神		√								
		安全意识				√						
		服务意识							√			
		魄力								√		
		……										
	基本素质	诚信正直	√			√			√			√
		敬业精神	√			√			√			√
		责任担当	√			√			√			√
		……										

说明：
1. 能力包括
（1）专业能力来源于岗位序列，根据岗位角色和责任目标识别出来。
（2）基本能力来源于组织发展战略，需要员工具备的能力。
2. 素质包括
（1）专业素质与岗位序列的业务序列紧密关联。
（2）基本素质来源于企业文化，为组织全员通用。

两个因素作为筛选依据

在开发阶段提炼能力素质项，可以将"有效提升"和"薄弱提升"两个因素作为筛选依据：

- ✓ "有效提升"是面对业务和整体环境时，所选择的能力素质项对于个体员工而言是否能落实到具体工作场景中并快速提升绩效；对组织而言，是否能撬动组织业务发展，支撑战略的转型；
- ✓ "薄弱提升"是当组织期望的要求能力与员工实际能力之间差距较大时，这些能力素质项是急需提升的项目，一般常见于组织的战略转型期。

依据两个筛选因素，根据组织实际需求，可以组织专家组进行能力素质项的筛选决策。

案例　某能源监督有限公司开发并筛选能力素质项

某能源监督有限公司的能力素质模型中，在已经开发的项目中筛选全员所需具备的基本能力项和基本素质项。

战略演绎

【案例背景】

某能源监督有限公司的能力素质模型中，在已开发的项目中选择排名前五位的"能力项"、排名前三位的"素质项"作为组织需要全员具备的"基本能力项"和"基本素质项"。

【能力素质项】

能力素质项		有效提升			薄弱提升			综合得分	决策
		专家1	专家2	专家3	专家1	专家2	专家3		
基本能力项	执行能力	0	1	1	1	1	1	5	√
	追求结果	1	1	1	0	1	1	5	√
	持续改善	1	0	1	1	1	1	5	√
	有效沟通	1	0	1	1	0	1	4	√
	说服他人	1	1	1	1	0	0	4	√
	谈判协商	0	1	0	1	1	0	3	—
	倾听能力	1	0	0	0	0	1	2	—
	建立信任	0	1	0	0	1	0	2	—
基本素质项	责任担当	1	1	1	1	1	1	6	√
	敬业精神	1	1	1	0	1	1	5	√
	诚信正直	1	0	1	1	0	1	4	√
	积极主动	0	1	0	1	1	0	3	—

2.描述能力素质项

能力素质模型有两个作用：一个是作为人才评价机制，定义每个岗位所匹配的能力素质并且进行等级的划分；另一个作用是为绘制学习地图确立了基点，描述组织的战略文化、员工的知识技能与能力素质，作为培训的有力保障。

无论哪个作用，都需要对每一项能力素质进行定义和描述，才能起到具体的作用。

（1）能力素质项的定义

为能力素质项进行定义时采用BCD式的描述方式，说明员工在什么场景条件下、需要所什么事情、达到何种目标或标准。

- ✓ B（behavior）行为：做什么事情，发生什么行为。
- ✓ C（condition）条件：在什么条件、场景下产生的。
- ✓ D（degree）标准：评定行为达到的目标或者合格的最低标准是什么。

素质项的定义

素质项：积极主动

定义：遇到问题或需回应时（C），立即采取行动（B），未得到提醒或鼓励时（C）仍能自觉付出努力（B），善于发现并创造机会达成超出预期的成果（B），提前预判并处理可能的问题（B），以提升工作绩效（D）。

能力项的定义

能力项：倾听

定义：在工作中（C）能识别他人的表达需求（B），表现出倾听意愿并能建立信任关系（B）；掌握倾听技巧，能准确理解对方意图，在此基础上给与对方积极反馈并提供有效帮助（B），最终提升整体绩效（D）。

接下来，就以案例的方式分享一下在组织中是如何定义能力素质项的。

基本能力项的定义

职业的能力来源于组织战略。组织确定了愿景与使命后，根据组织外部环境与内部经营情况设定组织的战略目标。为了保证目标的落实，需要将基本能力项识别出来，并依靠组织内部力量打造出需要具备的能力项，它是组织内部一系列的知识和技能的组合，以确保组织所覆盖的业务在竞争领域中达到领先地位。

例如某畜牧业集团，业务范围以饲料为主业，并涉及饲料添加剂、饲料机械、养殖设备、农产品深加工等相关领域，该组织要求全员所具备的基本能力为共赢、创新、追求结果。

战略演绎

【案例背景】

该企业的宗旨是"以先进的技术、完善的服务、优秀的产品，促进中国畜牧业的发展，节省资源，致力环境保护，实现食品安全，造福人类社会"。该集团的核心能力是共赢、创新、追求结果。

【基本能力的定义】

基本能力	定　义
共赢	在工作实施过程中，从团队利益出发，建立合作伙伴关系并与他人合作协同，以共同完成任务，达成共赢结果。
创新	在企业内营造创新氛围，通过促进组织变革，持续改进工艺、流程、制度，实现产品研发、组织管理、运营能力方面的创新。推广创新应用，扩大创新效果，帮助企业取得成功。
追求结果	从结果出发，设定具有挑战性目标，全程监督目标实现、跟踪绩效达成，主动寻求改进绩效方法，对结果进行检验和评价。

专业能力项的定义

专业能力是在岗位序列中创造高绩效所需的能力，它关注的是员工在工作中表现出来的高绩效行为，在能力项的设定上更偏重个体的行为特征。结合不同岗位序列的特征，满足某个业务或多个业务在日常工作所必备的基础能力，将这些能力识别出来并培训员工达成业务目标。

不同组织的岗位序列设定不同，业绩指标也不同，但在开发中也并非需要独创，可以使用市面成熟的能力素质辞典作为工具，也可以参考行业标杆。接下来，将聚焦岗位序列分享专业能力项是如何定义的。

一是市场营销序列，从事组织的销售业务，需要具备的专业能力是倾听能力、有效沟通能力、建立信任能力、谈判协商能力等。（如表2-3所示）

表2-3 市场营销序列专业能力定义

专业能力	定义
倾听能力	在工作中能识别他人的表达需求，表现出倾听意愿并能建立信任关系；掌握倾听技巧，能准确理解对方意图，在此基础上给与对方积极反馈并提供有效帮助，最终提升整体绩效。
有效沟通能力	创造良好的沟通前提，掌握核心沟通技巧，高效传达意图，充分了解需求，使双方达成共识，获取关键问题解决方案。
建立信任能力	坚守诚信正直为人处事原则，维护自身信誉度，肯定他人和组织的积极行为，通过展现专业能力获得尊重，赢得他人和组织的信任。
谈判协商能力	快速分析现状，准确把握谈判双方的共同关切与分歧，在坚持原则的情况下灵活运用各种策略，最终达成共识促成合作。

二是技术研发序列，从事研制与推广新产品业务，需要具备的专业能力是学习能力、信息收集能力、归纳分析能力等。（如表2-4所示）

表2-4 技术研发序列专业能力定义

专业能力	定义
学习能力	通过积极主动学习，总结成功经验，反思失败教训，并将所学应用于实践工作中，不断提升工作技能，解决工作问题，促进绩效提升，实现成长。
信息收集能力	多媒介、多渠道主动搜集信息，及时监控信息变化；对信息进行分类整理、深度加工和安全储存；整合应用信息，推动解决工作难题，达成工作目标。
归纳分析能力	积累经验素材，辨别模式；总结规律，归纳提炼出核心观点，形成价值判断；从长期、全局角度把握事情的整体状态，预测未来，为解决问题创造新模式。

三是专业事务序列，从事办公、党政、人力资源等业务，需要具备的专业能力是执行能力、解决问题能力等。（如表2-5所示）

表2-5　事物序列专业能力定义

专业能力	定　　义
执行能力	强化行动意识，应对任务和挑战能立即采取行动，克服困难，在行动中善于抓住并创造新机会，提高行动效率，确保达成工作目标。
解决问题能力	深入了解问题，把握问题实质和关键点，全面分析问题产生根源和发展趋势，建立多重复杂信息之间的逻辑关系，制订切实可行的解决方案，评估实施效果并持续优化。

管理能力的定义

管理能力是指围绕完成业务所需的管理工作所需要的能力。主要包括管理队伍的规模、素质和结构，管理手段的科学化、现代化程度，管理教育的广度与深度，以及管理科学研究与理论水平等。

管理能力多以人才发展层级进行区分，比如企业培训管理序列包括初级培训主管、中级培训经理、高级培训总监，每个级别要求的管理能力有所不同。（如表2-6所示）

表2-6　培训经理分级管理能力定义

岗位层级	管理能力	定　　义
培训主管（初级）	平衡利益相关者	平衡利益相关者是识别各利益相关者，了解并尊重与组织行为和结果密切相关的个体，考虑关键利益相关人对决策的期望，综合平衡各个利益相关的利益要求。
	系统性思考	从获取的信息全貌中抓住问题关键；打破常规，建立动态、深度全面的思考模式；排除干扰，寻求最佳解决方案并持续改善，巩固成果。

续表

岗位层级	管理能力	定　义
培训经理（中级）	持续改善	遵循原则，引入标准；把握现状，优化选择方案，确定改善程序；纠正偏差，追踪改善效果，进行可视化管理；集思广益，推广改善方案，做好下一次改善的基础工作。
培训经理（中级）	团队激励	强化激励意识；以身作则，发挥表率引领作用；运用多种激励方式激发团队士气；明确晋升机制，给予学习培训机会和业务辅导支持，为团队员工创造更大发展空间。
培训总监（高级）	引领变革	具备变革意愿，拥有危机意识，了解团队目前所处的位置，对形势的全面诊断，寻找到组织的突破口，保持开放心态，定义变革目标，明确变革内容，克服变革阻力，提出变革理念和实施方案，实施变革，巩固改进成果，推动进一步变革，并将新方法制度化。
培训总监（高级）	危机管理	能够正确预防危机，做到积极应对。当危机发生时，能够控制危机，合理决策。有效进行危机善后总结并争取转化成机遇。

基本素质的定义

素质是"愿不愿意、适不适合做某事"，决定了一个人是否能很好地完成某项任务，也是员工最深层的潜在特征，例如动机、特质等。素质是态度、自我意识、个性特征的集合，是一个人在无人监督状态下的一种习惯。基本素质也称为全员素质，是组织要求全员需要具备的。基本素质来源于企业文化，由于每家组织的文化价值理念不同，对员工的素质要求也是不同的，基本素质必须在对企业文化核心价值理念的梳理的基础上做出定义，明确本组织员工需要具备的思维倾向、状态和习惯，当然由于组织对社会、对员工、对客户、对组织的价值理念不同，相应的也就会对员工有不同的基本素质要求。

比如，某企业的是以油气业务、工程技术服务、石油工程建设等为主营业务的综合性国际能源公司，对企业员工的基本素质有所要求。

战略演绎

【案例背景】

该组织的企业理念为产业报国,立成守信,与时俱进,业绩至上,以人文本安全第一。

【全员基本素质模型】

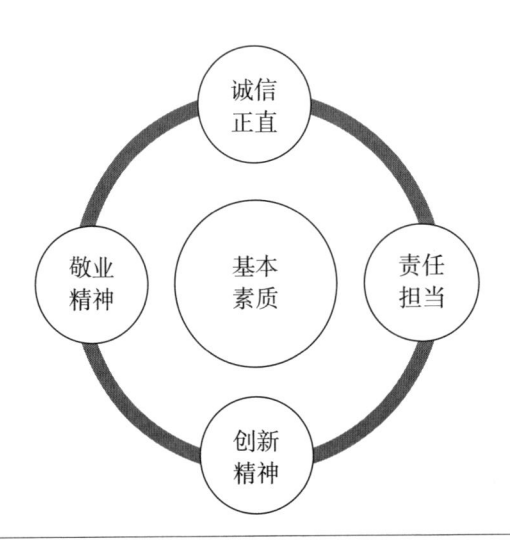

```
        诚信
        正直
    ┌─────────┐
   /           \
  敬业    基本   责任
  精神    素质   担当
   \           /
    └─────────┘
        创新
        精神
```

这些基本素质项是与企业文化密切结合,是组织价值理念的组成部分,基本素质项的定义如表2-7所示。

表2-7 某企业全员基本素质项及定义

基本素质项	定　　义
诚信正直	遵守法律法规、社会公德、规章制度等规范;对人对事确保实事求是;信守承诺,用切实行动维护个人和组织诚信正直形象;抵制诱惑,廉洁自律,坚持原则,维护组织利益。
责任担当	明确责任,加强工作认知,提升主动意识,确保自己和他人履行承诺,自觉为决策、行动和失败承担个人责任,确保达成工作目标。

续表

基本素质项	定　　义
敬业精神	营造良好工作环境，增进员工和组织间相互了解信任，运用不同方式激励和发展员工，同时给予全方位支持，确保员工能够发挥优势和潜能，帮助组织实现目标，实现企业和员工的共赢成长。
创新精神	在工作中保持开放心态，善于从各类资源与信息中心获得灵感，不断增强创新意愿；主动发现问题，洞察需求积极进行创新实践；重视他人的创新思考和探索，积极营造并维护良好的包创新氛围。

需求强调的基本素质是全员通用的，是指全体员工都必须具备的基本素质，上到组织高管，下到基层员工，都必须以全员模型的要求作为自身的行为指南。集中反映了组织战略、文化及核心价值观对员工的行为要求，这就像组织的基因一样，具有强烈的独特性。

再比如，某电器集团是集研发、生产、销售、服务于一体的专业化空调企业，组织要求全员所需的素质模型。

战略演绎

【案例背景】

该组织的企业文化与理念是以"科技创造未来"为使命，致力于"致力于用科技为用户创造一流的服务体验；为合作伙伴搭建共赢平台；为企业员工提供发展空间；为人类承担社会责任"，公司提出了用户第一、追求卓越、团队合作、拥抱变化、专业精神等价值观，为了早日实现公司愿景，需要将公司价值理念渗透到企业员工的日常工作中。

【全员基本素质模型】

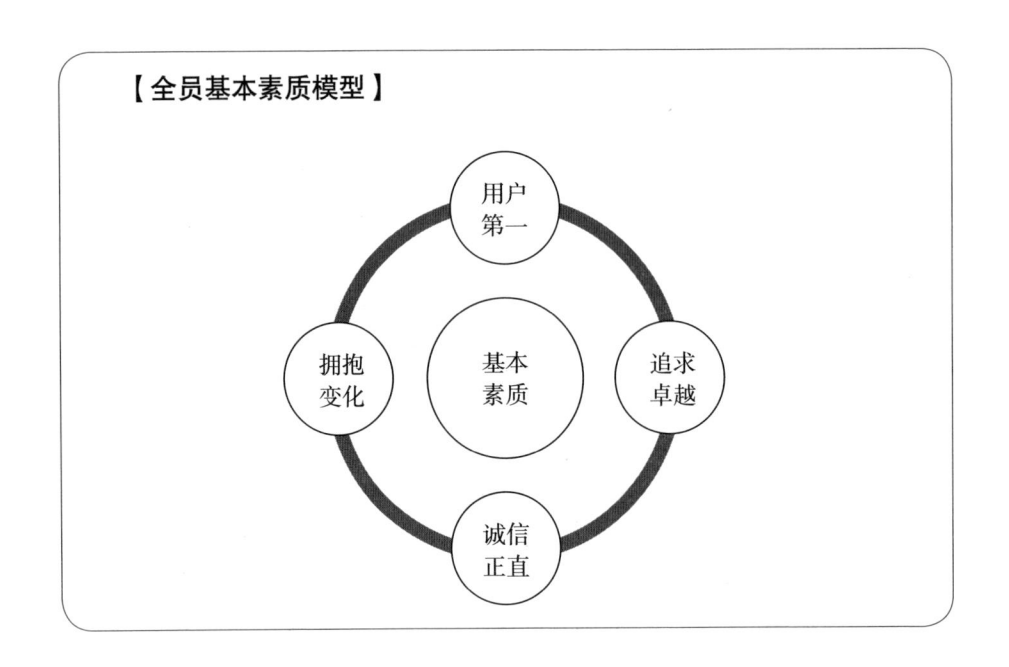

- 用户第一
- 拥抱变化
- 基本素质
- 追求卓越
- 诚信正直

专业素质项的定义

专业素质体现在岗位序列差异化上,它与岗位序列密切相关。专业素质是不同岗位或岗位序列为了履行本职工作所承担的角色或岗位职责必须具备的一些最基本的思维倾向、状态和习惯。专业素质侧重员工在从事本岗位工作时应具备的基础条件。

例如,组织会要求某些岗位序列需要具备的素质:

✓ 研发序列具备创新精神、保密意识等专业素质;
✓ 营销序列必须具备服务意识、客户导向等专业素质。

基本素质为组织内全员素质,专业素质为差异化素质,以某企业集团研发序列与营销序列的素质为例,不同岗位序列所需的素质项如表2-8所示。

表2-8 某集团不同岗位序列所需素质模型

素 质		素质项	研发序列	营销序列
素质	基本素质	诚信正直	√	√

续表

素　　质	素质项	研发序列	营销序列
	责任担当	√	√
	敬业精神	√	√
	积极主动	√	√
	创新精神	√	√
专业素质	创新精神	√	
	保密意识	√	
	服务意识		√
	客户导向		√

基本素质是根据企业文化与岗位体系得到的，企业文化的建设是一个组织的使命、愿景、价值观、信念等，是组织在生产经营实践中逐步形成的，没有统一的标准。有的组织推崇工匠精神，有的组织主张狼性文化，有的组织奉行扎硬寨打呆仗理念，不同组织的文化价值主张是不同的，因此，围绕企业文化理念开发出来的基本素质项就成为每家组织所独有的。

（2）能力素质项的描述

从学习地图对组织培训的作用与意义出发，能力素质模型的建立不但为组织招聘与绩效评估提供支撑依据，更需要满足员工学习与发展的培训需求。需要对能力素质项进行"解码"，把能力素质项和学习地图做对应。在描述时遵循可观察、可衡量、可培训的原则进行，参照技能经验萃取的标准对能力素质项进行描述，围绕关键行为拆解动作、要点、原因等，必要的时候进行举例说明，做到可操作可量化。

案例一　素质项的描述

以"积极主动"为例，对该素质项进行定义与描述，如表2-9所示。

表2-9 "积极主动"素质项定义与描述

素质项：积极主动	
【定义】 遇到问题或需回应时，立即采取行动；未得到提醒或鼓励时仍能自觉付出努力，善于发现并创造机会达成超出预期的成果；提前预判并处理可能的问题，提升工作绩效。	
关键行为	详细描述
采取敏捷行动	（要点）遇到问题或需要回应时反应敏捷，及时确认，分析任务，无须催促即可立即采取行动。 （动作）确认任务：第一时间确认任务的完成标准、关键要素、限制性条件、提交时间、成果样式、整体工作流程等。 （动作）分析并采取行动：明确各细分环节的达成标准与整体完成节奏，厘清任务的重点和关键，在无人要求的情况下，高效执行。 （动作）主动检查：定期检查进展，及时向上汇报进展、同步关键信息。
自主交付超预期成果	（要点）不需他人提醒、没有他人鼓励时仍能付出超出工作所需的努力，主动识别、创造机会以推进任务，提交超出预期的成果。 （动作）自发努力：在没有外部催促、鼓励的情况下自觉付出超乎工作预期和原有需要层级的努力。 （动作）有效实施：不依赖上级进一步指示即可主动实施新的想法或可能的解决方案。 （动作）把握机会：追踪并学习工作中的新技术与新方法，不断发现并创造机会，提高任务完成度与完成品质。 （动作）改进推动：定期识别出优于最初计划/目标的机会，持续并成功地修正实现目标达成的途径。（举例）例如，在执行中认真分析并复盘，发现并改进原本执行计划中不合理的部分。 （动作）超额交付：在交付成果的时间、数量、质地等方面，全方位超出预定要求。
预判干预提升绩效	（要点）提前识别机遇、预估风险，针对性做出判断并干预；增强判断力，积累成功经验，提升绩效水平。 （动作）把握机遇：在机遇出现时，能够提前发现并采取一定行动把握机遇。（举例）例如能够敏锐发现业务中新的增长点，开发新的产品或功能以满足用户的需求，最终实现业绩增长或扩大市场份额。 （动作）识别风险：危机到来时，能够通过某种安排将损失降低到最小程度。（举例）例如能分析业务环节中受外部不确定因素影响较大的部分，通过增强自主控制能力、降低对单独某一合作商依赖度等方式，降低业务薄弱环节的意外风险，以规避可能的损失。

续表

关键行为	详细描述
	（动作）总结规律：根据预判及对各类问题的干预，对工作各环节做针对性升级以增强系统健壮性。（举例）例如，能对各类预判、采取的措施以及措施达到的结果做出分析，总结出有较强普适性的规律，以提升整体的抗风险性并大幅提升业务水平。 （动作）长期视野：对更长的周期作出预见，提前预估可能出现的问题和风险，有计划的采取行动创造机会、推进业务发展，达成超额绩效。

案例二 能力项的描述

以"倾听"能力为例，进行定义与描述，如表2-10所示。

表2-10 "倾听"能力项定义与描述

能力项：倾听	
【定义】 倾听是在工作中能识别他人的表达需求，表现出倾听意愿并能建立信任关系；掌握倾听技巧，能准确理解对方意图，在此基础上给与对方积极反馈并提供有效帮助，最终提升整体绩效。	
关键行为	详细描述
表现倾听意愿	（要点）感知到对方情绪或想法，对他人发出的沟通信号给与回应，主动表现出愿意倾听的态度和意愿。 （动作）敏锐捕捉变化：能够从言谈举止中敏锐发现对方状态的变化，了解对方当前大致的情绪感受；（举例）例如，同事在看到某个新闻事件时突然欲言又止、情绪低落。 （动作）判断对方表达意愿：能够判断出对方有进一步表达的意愿；（举例）例如，对方在情绪低落时说："你真不知道我都经历了什么……"。 （动作）传递愿意倾听信号：当对方继续表达或开启话题时，能从自己言语、表情或动作上给出愿意倾听的明确信号；（举例）例如，听到同事的诉苦后，表示出惊讶、好奇或关心等。 （动作）主动表现倾听意愿：表示对对方的关心与关注，鼓励对方开启表达。
建立互信消除顾虑	（要点）与表达者建立相互信任的关系，使其没有顾虑地畅所欲言。 （动作）通过营造"接纳"的交流氛围，让对方在沟通中有充分的安全感。 （动作）通过"保密""不越界干预"等交流原则，与对方建立互信关系，使对方愿意交流、能在交流中畅所欲言。

续表

关键行为	详细描述
掌握倾听技巧	（要点）与对方的交流中保持充分的耐心和专注，以确保准确理解对方意图，并能灵活应对沟通中出现的状况。 （动作）保持耐心。给对方一定的表达空间，不急于插话或打断，对他人的倾诉保有耐心。 （动作）集中精力。专心致志地倾听他人讲话，能给与适当的目光接触与眼神交流，注意力集中在当下的沟通上。 （动作）准确理解。通过对倾听内容的梳理与判断，保持充分的同理心，分析并预判沟通的走向，利用一定的沟通互动，来准确理解对方明确表达出的想法或感受。 ✓（要点）快速分析信息。在对方表达的同时，能快速梳理要点，提炼表达重点，搜集相关信息来理解对方的想法，以厘清思路。例如，对方说因为一些原因导致工作未如期完成，则需要重点把握相关的原因和结果，并回想近期是否有相关信息，是否是对方所说的事件。 ✓（要点）保持同理心。能站在对方的角度和位置上，客观地理解对方的内心感受，且把这种理解传达给对方。 ✓（要点）分析并预判。能透过对情绪、语调、面部表情的观察与言语的理解，预判对方接下来会如何表达，通过释放信息等引导方式来验证预测；例如，对方对工作任务分配的看法欲言又止，可以抛出自己的态度来看对方的反应，来进一步验证。 ✓（要点）进行互动沟通。对不清楚的地方以具体、量化的方式进行询问和确认，以沟通互动来准确理解其想法。 （动作）灵活应对产生的状况。根据沟通对象调整倾听与互动方式，对于对方未言明的意图可以采用引导的方式来灵活应对沟通中对方的掩饰、回避等情形。 ✓（要点）调整互动方式。能依据沟通对象的表达，对他们做出大致分类，并相应地调整个人风格与倾听互动方式。 ✓（要点）把握言外之意：能从对方的核心关切点出发，锁定对方表达背后的隐藏诉求，了解对方并未言明的意图。 • 还原事实。从对方表达的信息中，尽量还原对方所述场景的各方面关联信息，以引导式沟通来还原事情本身。 • 聚焦核心诉求。站在对方的角度，思考这个场景中各方利益和目的的冲突、交叠之处，找到对方的核心关切。 • 锁定隐藏诉求。从对方核心关切点出发，不断地准确理解信息，锁定对方表达背后的隐藏诉求，了解对方的言外之意。

续表

关键行为	详细描述
积极给与反馈	（要点）积极给予倾听对象重点式回应，了解对方潜在的问题或问题产生的背后原因，对他人主动提出或由自己观察到的问题提供所需帮助。 （动作）积极给与回应。根据对方表达出的情绪、态度、意图做出及时回应，阐述主要观点时要注意避免造成误解。 （动作）提出具有建设性的意见或建议。在倾听与互动中，发现对方过去行为的原因，理解对方的认知、思考、行为模式，并提供一定的建议解决其个人或人际之间的困难。 （动作）提供对方所需帮助。能从工作辅助、情感支持等多个角度，给与对方切实有效的帮助。

案例三　管理能力项的描述

以"团队激励"能力为例，进行定义与描述，如表2-11所示。

表2-11　"团队激励"能力项定义与描述

能力项：团队激励	
【定义】 强化激励意识；以身作则，发挥表率引领作用；运用多种激励方式激发团队士气；明确晋升机制，给予学习培训机会和业务辅导支持，为团队员工创造更大发展空间。	
关键行为	详细描述
强化激励意识	（要点）了解激励的作用和价值，统一团队的整体目标，建立团队共识，确保团队成员有清晰的努力方向。 （动作）了解激励的作用和价值，了解激励与提高员工的工作积极性、改进工作效率之间的关系，营造公平的团队氛围，明确的团队制度。 （动作）统一团队目标，建立团队共识：统一团队的整体目标，以令人激动的方式，描绘目标、愿景、激发他人的热情，确保每个团队成员有清晰的努力方向。
做好表率引领	（要点）以身作则，严格要求自己，发挥表率引领作用；充分了解员工情况，合理分工；凝聚人心，创造良好的团队氛围。 （动作）以身作则：勇于承担责任，要事为先，严格要求自己，有清醒的自我估价能力和坚强的控制能力，有大度的气量，适时展现个人魅力，得到团队成员的认可。

续表

关键行为	详细描述
	（动作）科学分工：定位工作性质，了解员工情况，合理分工，发挥每个员工的工作特长，高效完成工作任务。 （动作）创造团队氛围：凝聚人心，提炼团队文化，宣贯给团队成员，寻求价值认同，创造良好的团队氛围。
激发员工士气	（要点）尊重并信任团队成员的工作能力，及时肯定个人对团队的贡献，积极沟通反馈，充分有效授权，建立激励制度，鼓励员工切实参与到团队发展中来。 （动作）表示尊重，传递信任：尊重员工的工作，相信他人能力，在委派任务时打消顾虑，赋予信心，不把自己的观点强加给员工，而是进行适当的引导或指导。 （动作）积极反馈，表达认可：及时肯定个人和团队的贡献，真诚地表扬、嘉奖优异表现；积极沟通，了解员工需要的支持，乐意听取不同的意见和建议。 （动作）有效授权，鼓励参与：充分有效授权并给予必要支持，通过职责赋予、制度保证等方法手段，使员工切实参与到团队发展中来。 （动作）建立激励制度：对于符合团队精神的人给予认可和嘉奖，充分激发员工的效率和积极性，营造团队成员共同打拼的氛围。
帮助提升发展	（要点）明确晋升机制和薪酬体系，给予学习和培训机会、业务辅导支持，努力为员工创造更多发展机会和更大发展空间。 （动作）规划职业生涯：明确晋升机制和薪酬体系，鼓励员工寻求新的挑战，允许轮岗，帮助员工找到合适工作岗位，创造更多、更大的职业发展空间。 （动作）提供培训机会、业务辅导支持：根据员工的不同特点，给他们足够的空间去扩展不同技能，提供多种学习及培训的机会，并在日常工作中给予业务辅导和支持。

温馨提示

提示一 能力素质模型是组织独有的

围绕企业文化理念开发出来的能力素质模型是每家组织所独有的。企业文化建设是一个组织的使命、愿景、价值观、信念等，是企业在生产经营实践中逐步形成的，没有统一的标准。因此，放之四海而皆准的通用模型是不存在的，能力素质模型一定是根据企业的情况建立的，也要根据企业的实用需求和迭代要求来决定模型指标的完整程度，但重要的是务实灵活。

提示二　能力素质项目不一定需要原创

从20世纪末开始，能力素质模型在国内逐渐被接受与采纳。目前，市面上有很多有关能力素质词典，基本覆盖了90%以上的能力素质项。参阅已有资源，根据企业需要对框架的逻辑性进行整合，再补充具有企业特色的能力素质项，可以最大程度的节约时间、精力等人工成本。

提示三　能力素质项条目适合

设计好能力素质框架的逻辑性，比如将职业能力划分为为人方面、协作方面、业务方面，将管理能力划分为自我管理、团队管理、任务管理、经营管理等，避免重叠把相近的项目进行合并，通常会得到20～30条基本的能力素质模型，在此基础上再添加3～5条彰显企业特色的条目。

提示四　能力素质模型与任职资格体系的关系

任职资格体系更多应用于企业员工的绩效和薪酬体系，重在"测"。能力素质模型广泛应用于招聘测评与培训两端，也就是说重在"测"与"学"。之所以在绘制学习地图环节中介绍能力素质模型，是因为希望尽可能地发挥其"学"的作用，旨在借鉴它为培养优秀的企业员工提供职业发展方向与路径。

第三章　绘制关键岗位学习地图

通过以上内容的分享了解了能力素质模型对学习地图的意义与作用，也理解了为什么聚焦关键岗位以及如何聚焦关键岗位，做好了所有的知识铺垫，在这一章节重点分享如何绘制关键岗位的学习地图。

绘制关键岗位的学习地图包括三个关键步骤：梳理工作任务、规划学习项目、可视化学习地图。

- ✓ 梳理工作任务：为了让学习地图可落地，最重要的就是要缩短培训与实际工作的差距，因此首先要梳理关键岗位实际的工作任务有哪些，然后再依据工作场景梳理所需的知识体系。
- ✓ 规划学习项目：有工作任务与场景做依托，需要什么样的学习项目可以实现岗位的培训目标，这些学习项目的培训内容、培训形式是怎样的，以及如何获得培训内容，以上这些就是为关键岗位的学习地图规划学习项目。
- ✓ 可视化学习地图：根据关键岗位的职业成长路径，呈现出每个阶段所需的晋升学习包与轮岗学习包，在组织内与员工同步信息，以便更好地进行宣贯，在这一步将学习地图可视化。

第一节　梳理工作任务

1.认识工作任务

借助场景

绘制关键岗位学习地图的第一步为什么要梳理工作任务呢？从培训的角度出发，需要提前了解一下人类大脑的结构，特别是有利于学习效果的大脑特征。

人的大脑分三层，最里面的一层是爬行脑，中间一层是哺乳脑，最外面一层是视觉脑也叫做理性脑，是人类特有的。其中视觉脑的右脑更多地决定了人的画面感、空间感、音乐感、艺术感等，而左脑更多控制了人的逻辑思维、理性思考和话语能力。（如图2-14所示）

✓最里层爬行脑：这一层也称为本能脑（讲危险场景）
✓中间一层哺乳脑：这一层也称为感性脑或情绪脑（讲增益止损的场景）
✓最外层视觉脑：这一层也称为理性脑，是人类独有的（讲带有画面感的场景）

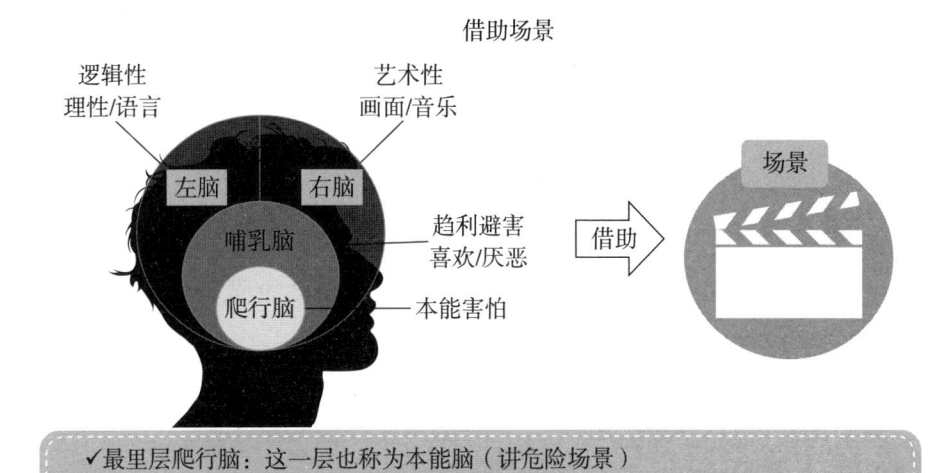

图2-14　基于工作任务与场景

"场景"这个词源于电影业，随着互联网的发展迅速火了起来。罗辑思维的联合创始人吴声的《场景革命》一书中也提出：场景是"特定时间、特定地点、特定人物、特定事件构成的一个画面"。

把"场景"的概念迁移到绘制学习地图中，就是为了描述完成某个工作任务是在什么工作环境下、什么时间地点、遇到了什么问题、有哪些人参与、做了什么操作、解决了什么样的工作难题。场景更像一个工作事件，是最小的、最独立的工作事件。工作职责和工作任务的描述是比较抽象的，如果把这些因素在场景中体现出来，就有画面感了，它让员工感受到真实的工作情景、提升知识的传播效率。因此，结合人脑的结构和特征，在绘制学习地图时就要多借助有画面感的工作场景了。

什么是工作任务

有关工作任务的描述比较有权威的是"DACUM工作任务法"，是Develop A Curriculum（教学计划开发）的缩写，是通过职位分析或任务分析从而确定这个岗位所要求的各种综合能力的系统方法。

20世纪60年代末，加拿大区域经济发展部实验项目分部为了在教学培训过程中找到一种有效的教学计划、开发方法，使教学培训满足实际工作的需求，进行了大量的理论研究和实践，结果表明：由优秀工作人员分析、确定与描述的本职位工作所需要的能力，更符合实际工作的需要，而且具体、准确。随着其日趋成熟和使用的广泛，该方法已经成为一种科学、高效的分析确定职业岗位所需能力的分析方法。

DACUM工作任务法对组织中现有工作岗位知识，主要是对程序性知识和能力要求进行梳理，将一个职业划分为若干职责，再将每一个职责划分为若干个任务，通过分析与归纳实现岗位职责需要执行具体的工作任务，从而获得通用的知识、技能、态度，获得工作所需要的工具、设备以及资源信息。工作任务再现了实际生产中经常出现的具体工作任务、环节或步骤。工作任务的集合又对应了各个职责的综合能力，和对应于每个任务的专项技能。能力虽然是抽象的，但他们存在于具体的工作活动中，人们无法脱离具体工作任务、对象和要求。针对具体岗位的能力进行独立的分析和培养，可以满足岗位培训的需要。

DACUM表是由某一种职位所要求的各种综合能力也称为任务领域，以及相应的专业技能亦称为单项任务，所组成的二维图表，描述了专业课程开发的目标和从事该项职务必须满足的各种要求。（如表2-12所示）

表2-12　DACUM岗位能力图表

\multicolumn{6}{c}{DACUM表}				
任务领域A	任务A1	任务A2	任务A3	任务A4	……
任务领域B	任务B1	任务B2	任务B3	任务B4	……
任务领域C	任务C1	任务C2	任务C3	任务C4	……
……					

使用DACUM方法产生岗位能力图表，最关键的环节是召开DACUM研讨会。研讨委员会的成员一般由8～12人组成，这些成员均是从该岗位上精心挑选出来的优秀工作人员。会议主持人在技术业务能力方面，需要对所分析职业领域的工作非常熟悉，了解该领域的发展趋势，同时有能力引导业务专家进行交流与群体合作，引导业务专家，回顾岗位的工作职责，输出任务清单，从任务中获取所需的知识、技能。（如图2-15所示）

以企业中的人力资源岗位为例，通过这个方法获得岗位的工作任务分成几个任务领域，分别是提供人力资源支持、管理薪酬、改善员工关系等，在"管理薪酬"这个任务领域中的具体任务是制定薪酬政策、建立薪酬系统等。（如表2-13所示）

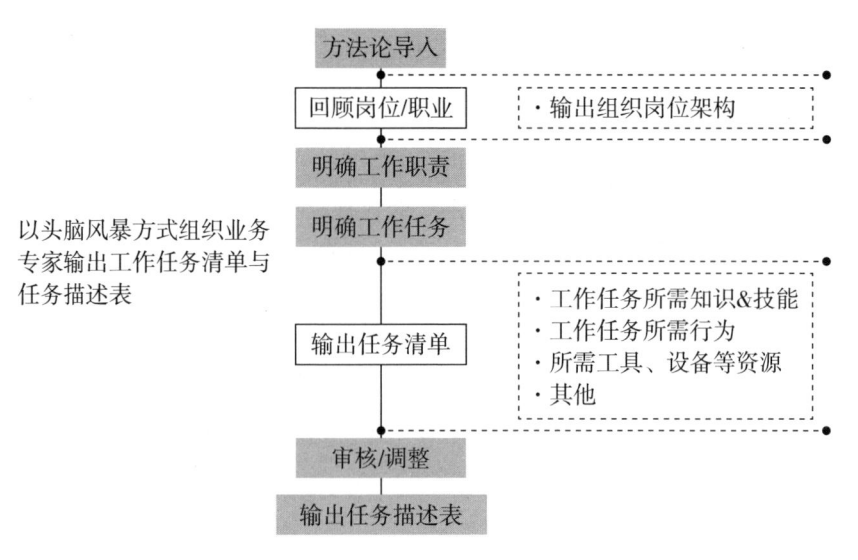

```
                    方法论导入
                        │
                    回顾岗位/职业 ┈┈┈┈ ·输出组织岗位架构
                        │
                    明确工作职责
以头脑风暴方式组织业务    │
专家输出工作任务清单与  明确工作任务
任务描述表              │          ┈┈ ·工作任务所需知识&技能
                    输出任务清单       ·工作任务所需行为
                        │             ·所需工具、设备等资源
                        │             ·其他
                    审核/调整
                        │
                    输出任务描述表
```

图2-15　DUCAM工作任务分析研讨会

表2-13　人力资源岗位工作任务表

人力资源DACUM工作任务				
任务领域	任 务			
管理薪酬	制定薪酬政策	建立薪酬系统	改进薪酬体系	……
改善员工关系	建立员工沟通渠道	设计员工满意度调查方案	处理各种冲突	……
提供人力资源支持	制定招聘政策与流程	分析人力需求	制定职级制度	……
……				

以上是DACUM工作任务分析，工作任务是按照任务领域分布的。在绘制学习地图时因为需要考虑员工的职业成长路径，因此在任务领域的基础上还要有层级的划分，比如企业中的培训管理岗位序列，这个岗位有三个级别，分别是初级培训主管、中级培训经理以及高级培训总监，每个级别都有各自的工作任务，需要逐级把工作任务梳理出来。比如：

- ✓ 初级培训主管的工作任务有培训需求调研访谈与需求分析、运营与管理学习项目；
- ✓ 中级培训经理的工作任务有编制年度培训计划、设计培训项目；

✓ 高级培训总监的工作任务有搭建与管理内训师团队、绘制学习地图等。

工作任务有明显的层级之分，这些工作任务是转化为学习项目的最主要来源依据。（如表2-14所示）

表2-14 （培训管理）岗位序列工作任务示例

级别	序号	工作任务
初级 培训主管	1	培训需求调研访谈与需求分析
	2	运营与管理学习项目
	3	赋能开发培训课程
	4	赋能课程讲授
	……	……
中级 培训经理	1	编制年度培训计划
	2	设计学习项目
	3	赋能组织经验萃取
	4	赋能教练技术
	……	……
高级 培训总监	1	搭建与管理内训师团队
	2	绘制学习地图
	3	建立知识库
	…	……

工作任务的命名

工作任务来源于实际的工作，是做一项具体专门的事情，具有完整的工作过程，能够呈现岗位的工作内容和工作形式，描述工作任务的建议采用动宾结构的描述：动作+工作对象的形式。简短清晰地指明任务主题，例如为了完成100台设备保养的工作目标，需要执行的工作任务是：检查设备状态、实施设备保养、清洁设备现场。再比如：

- ✓ 培训经理的工作任务有设计学习项目、编制年度计划、绘制学习地图；
- ✓ 汽车销售顾问的工作任务有售前准备、推销产品、展厅管理、客户维系。

梳理工作任务的原则

梳理工作任务是为了获得学习地图中显性的知识技能，也就是关键岗位实际的工作任务中需要的知识，为了保障知识的完整和准确，因此在梳理工作任务过程中需要遵循两个原则，分别是穷尽原则和独立原则。（如图2-16所示）也就是要罗列岗位完整的工作任务清单，特别是典型的工作任务，不留漏洞。并且每个工作任务的边界足够清晰，以保障知识点不重复出现。

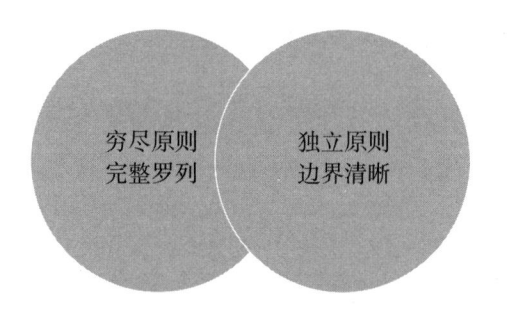

图2-16 梳理工作任务原则

罗列工作任务的最终目的是绘制完整的学习地图，在梳理工作任务时需要遵循以下原则：

原则一：穷尽原则

首先要尽可能完整地罗列岗位上所有工作任务，以确保呈现该岗位职责与工作过程的完整性。比如一个岗位的某个员工虽然经常做的只有3个任务，但岗位上一共有15个任务，这时候是需要将所有任务罗列出来的。因为只有在前期遵守了穷尽原则，后期在绘制学习地图过程中才有条件对所有任务进行筛选、排序、评价优先级，才能选择更有价值的工作任务转化为学习任务以提升组织的绩效业绩。

原则二：独立原则

在梳理工作任务时确保其独立，做到边界清晰，尤其注意任务之间的包含关系与重叠关系。例如为培训管理人员梳理工作任务时列举了其中的一个工作任务是管理与复盘培训项目，探讨一下这项任务的边界是否清晰。管理与复盘培训项目实际的工作包含运营培训项目与复盘培训项目两个场景，复盘培训项目是管理培训项目的一部分，是被包含的关系，所以根据实际情况将该任务重新命名为管理培训项目，在任务描述时该任务包含了运营培训项目与复盘培训项目两个工作场景，避免了包含关系，让任务的边界也更清晰。

工作任务有"父子"关系

任务存在"父子"关系，有的时候一个任务是独立的，有的时候任务下一级包含有一个或若干个子任务。

例如，培训经理的工作任务评估培训项目，包含了三个子任务：
- ✓ 总结复盘培训项目；
- ✓ 考核评价培训项目；
- ✓ 撰写培训评估报告。

这时候首先需要厘清任务之间的"父子"关系，然后再根据实际需求保留任务还是子任务。

工作任务分阶段

因为每个岗位序列都有自己的职业发展通道，同一个岗位序列在不同的阶段需要做的工作任务也是不相同的，比如培训管理序列的职业发展通道从基层到高层分别是培训主管、培训经理、培训总监。针对该岗位设计学习地图时，每个阶段的学习项目要求是不一样的，作为初级的培训主管的工作任务有运营培训项目，而作为中级的培训精力工作任务就需要完成设计培训项目，每个阶段都有各自的岗位职责和工作目标。（如图2-17所示）

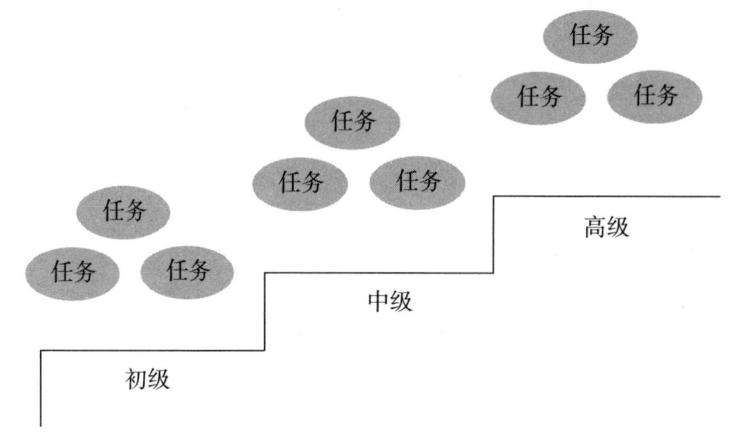

图2-17 工作任务分级

工作任务与场景的关系

在梳理工作任务时是需要通过场景来描述的。场景原本指电影中的场面，迁移到工作环境中，就是工作时的场面。以安装空调这个任务为例，包含的工作场景可能有：

- ✓ 场景一：室内一体机的安装。
- ✓ 场景二：高空作业安装壁挂式空调。
- ✓ 场景三：写字楼公寓安装中央空调。

虽然工作任务是安装空调，但工作场景不同，所需要掌握的知识、技能就会有差别。

特别注意有的工作任务只有一个工作场景，而有的任务包含着多个工作场景：

- ✓ **一对一关系**。比如在某生产制造车间工作的一线员工在结束一天的工作后都需要遵守现场管理的工作任务，这个工作任务对应的工作场景是关闭电源、工具归位、设备保养以及打扫卫生等，虽然一线生产员工的岗位很多，但大家都是在条件相同的车间工作，工作环境相同、操作要点也相同，所以，在这个案例中工作任务与场景的关系是一对一的关系。

✓ **一对多关系**。比如某互联网企业人力资源岗位的工作任务之一是"如何做好离职挽留"，这个工作任务就有多个工作场景：

- 场景一：离职员工要去竞争对手公司。
- 场景二：离职员工要去BAT（中国互联网巨头公司）。
- 场景三：离职员工要独自创业。

工作任务"离职挽留"与不同的挽留场景就是一对多的关系，去向不同，挽留的方法和话术就不同，挽留效果很大程度上取决于恰当的挽留话术。

温馨提示

提示一 工作任务需由业务部门提出

找到的工作任务一定与业务目标和岗位职责紧密关联，实际操作中应该由业务部门提出。

提示二 工作任务一定是工作中实际做的事情，不能是认知任务

比如"工程师要熟悉和了解服务的原则"，这不是工作任务，是为了完成任务需要掌握的知识，是认知任务。

2.梳理工作任务的路径

在实际工作中工作任务的来源有很多，通常来源于岗位的工作职责，从标准工作流程中罗列出来的工作任务也更贴近实际工作，但是很多工作任务不一定完全体现在工作职责与工作流程，比如：

- ✓ 组织战略变化。如果组织战略发生变化，那么涉及的岗位职责就会发生变化，这时候在已有的工作职责中还没有体现出来。
- ✓ 特殊事件。很多有经验的员工在某种特殊情况下完美地解决了实际工作困难，这个困难不一定高频出现，但是一旦解决不好就会带来重大损失，从特殊事件中也能罗列出工作任务。

接下来就探讨一下如何更全面地获取岗位的工作任务，有四个经典途径分别是：战略情景分析、岗位职责分析、工作流程分析以及补充典型事件。（如图2-18所示）

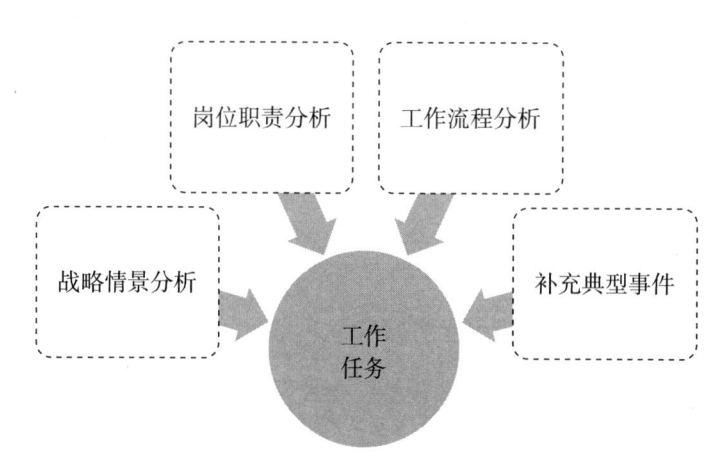

图2-18　获取工作任务路径

（1）战略情景分析

企业文化三要素

首先了解一下企业文化三要素：使命、愿景、价值观，以及组织战略和企业文化的相关概念。

- ✓ 使命：使命是一个组织的起点，是初心，是指对自身和社会发展所做出的承诺，组织存在的理由和依据。管理学家彼得·德鲁克认为：使命要回答的事业是什么、客户群是什么、客户的需要是什么、用什么特殊的能力来满足客户的要求，以及如何看待股东、客户、员工、社会的利益。
- ✓ 愿景：愿景是组织的终点，是指组织长期愿望以及未来状况，组织发展的蓝图，体现组织永恒的追求。对未来的设想，是希望组织发展成什么样子，希望在哪个领域取得什么成就的持久性回答和承诺。
- ✓ 价值观：价值观是组织在追求经营成功过程中所推崇的基本准则和奉行的标准，是组织内员工所接受的共同观念，是企业行为规范制度的基础。
- ✓ 企业文化：是组织生产经营和管理活动中所创造的具有该企业特色的精神财富和物质形态。它包括组织愿景、价值观念、组织精神、道德规范、行为准则、组织制度等。它是以价值观为核心，把所有员工联系到一起的精神纽带。
- ✓ 组织战略：组织战略是目标性的、具体的，是解决问题的，是指导组织实现愿景的总体计划。战略目标也称中长期目标，是指组织未来3～5年或更长时间的计划。

它们有清晰的划分，在建立培训体系、规划学习地图时需要从组织战略角度出发要求员工学什么，从企业文化和价值观出发，倡导员工成为什么样的人。

以"格力集团"为例分享一下使命、愿景与战略目标的相关定义。

战略演绎

企业使命、愿景、战略
- ✓ **使命**：弘扬工业精神，追求完美质量，提供专业精神，创造舒适环境。
- ✓ **愿景**：缔造全球领先的空调企业，成就百年的世界品牌。

> ✓ **战略**：组织提出了"蓝海战略"，既在降低成本、降低售价、扩大生产规模的基础上扩大市场份额；在广告宣传方面侧重信誉与品牌，"好空调、格力造"，以实实在在的质量与服务赢得客户；建立以专卖店和机电安装公司为主的销售渠道，形成销售、安装、维修一条龙服务，并与经销商互惠互利，长期合作。

从组织战略不难看出，战略目标是具体的。特别是处于战略转型期特定阶段的组织，会面临着几个方面的问题：外部行业、环境整体变化趋势、组织自身战略的选择，以及组织资源、队伍、文化等所带来的挑战，并由此带来对人员变化的要求。

人是组织发展的承载者，组织实现战略目标、实现战略转型的前提之一就是人才转型，去匹配特定的组织环境、特定的工作团队和特定的战略任务。面对不同的战略目标，不同角色定位所承载的关键任务是不同的，战略情景任务分析法能有针对性地解决战略目标及战略转型人才培训问题。

战略情景分析工作任务流程

考虑组织需要、业务需求以及工作任务等维度，战略情景任务分析法的主要流程是：厘清组织的战略目标、澄清组织的关键措施、明确团队和个人的职责以及需要完成的工作任务，如图2-19所示。

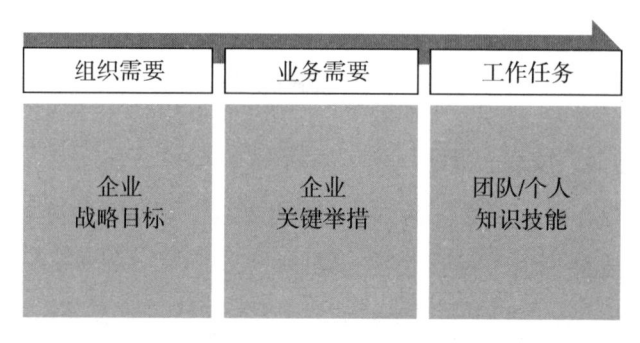

图2-19 战略情景分析流程

第一步：厘清组织战略目标

如何获得组织的战略目标呢，从组织内的战略文件以及董事长的重要讲话等方面都可以获得。通过组织总体战略提出的任务目标、组织发展方向以及人才定位等，从而明确本次人才培养绘制学习地图的意义和基本原则。可以从以下几个维度解读组织战略目标，如图2-20所示。

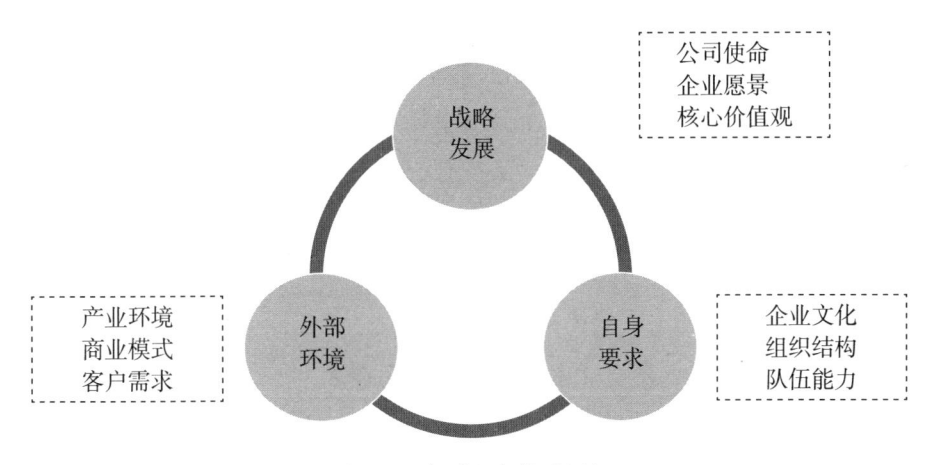

图2-20 解读组织战略目标

- ✓ 战略发展要求：公司总体战略以及总部职能战略奠定了人才梯队建设的意义。
- ✓ 外部环境变化：适应外部环境变化，当客户需求、商业模式、产业环境对人员提出新的需求时，需要快速响应并适应变化的环境。
- ✓ 组织自身要求：员工人才培养的建设需要符合组织特殊的职能定位的要求以及员工现状的特点。

战略情景分析可以根据组织提供的资料进行文献研读和标杆分析，在研读成果基础上，与组织高层进行访谈对获得组织战略目标非常重要，在访谈时可以参考引导工具表2-15。

表2-15 引导高层访谈工具

序号	引导问题
1	战略目标是成为行业领先的企业，请问行业领先的标准是什么？
2	你认为员工所共有的价值观或行为模式是什么？
3	企业的核心竞争力是什么？业务增长驱动要素有哪些？
4	市场竞争对手是？在定位、风格、特点等方法，与竞争对手的差别？竞争对手的强项与弱项是什么？具体需要在哪些方面进行变革和拓展？
5	未来如果企业遭遇失败，你认为最可能是什么原因？
6	为了达成这些战略目标，面临了哪些难题或挑战？
7	这些难题和挑战对应的具体或典型情景是什么？内部/外部业务/资源/人才等方面如何解决？
8	在未来发展战略的蓝图中，你认为哪些岗位或角色对目标最重要？他们如何发挥作用？

在进行高层访谈时需要注意：

✓ 组织战略目标不要过多。战略指公司在未来3～5年内必须做到的事情，数量太多不易达到。

✓ 战略的描述要清晰。比如"建设一家一流的企业"，需要明确哪些方面达到"一流"，是产品一流、技术一流还是服务一流。

✓ 战略要有清晰的定位。所谓定位就是认清自己的位置。比如万科曾经的战略是"聚焦主流、快速周转和战略纵深"，其中聚焦主流就体现了定位，具体含义是锁定大众住宅开发为核心业务，面向自住购房者，以中小户型为主，战略定位是非常清晰的。

✓ 数字不是战略。还有一些组织的战略目标是3年100个亿，请注意数字不是战略，是战略结果。

第二步：澄清组织关键措施

在这一步澄清战略目标的成功因素有哪些，组织实现战略目标需要哪些具体的关键措施。要达成战略目标，需要什么样的组织能力，人才需要达到哪些标准。

通常一个战略目标约有3～4个成功因素，可以排出优先次序供后续工作参考。注意，在这个过程中需要把组织作为一个整体进行思考，而不是过早的切入团队、职能部门或者业务线条，它是一种集体的力量，需要各个部门的有机配合。

例如，国内某汽车销售公司，面临激励竞争的市场，提出了非常有挑战的销售增长目标。为了达到组织战略目标，先后采取了机构调整与流程优化等变革措施，并澄清了关键的战略措施。（如表2-16所示）

表2-16　某企业销售公司的战略目标与关键措施

组织战略	关键措施
1.在3年内销售增长100%	（1）持续推出富有竞争力的新车型
	（2）实施战略变革
2.提升汽车金融增值服务	（3）开发汽车金融产品
	（4）调整衍生服务部门
3.拓展经销商渠道建设	（5）实行经销商分级管理
	（6）加强大客户管理与服务
4.提升备件盈利能力	（7）优化备件管理流程
	（8）提升备件销售能力

再比如，国内某电信公司，面临着行业市场竞争环境极大的不确定性的情况下，特别是互联网企业与电信企业的相互渗透和竞争加剧，公司面对各种挑战，制定了相应的战略目标，在此基础上澄清了组织的关键措施。（如表2-17所示）

表2-17　某电信公司的战略目标与关键措施

组织战略	关键措施
1.建立客户导向型组织	（1）深入开展客户细分
	（2）加强集团客户服务

续表

组织战略	关键措施
2.业务融合创新	（3）新产品的规划与设计
	（4）3G技术的融合
	（5）为集团、个人、家庭提供针对性解决方案
3.精准营销	（6）完善客户管理系统
	（7）优化资费套餐设计
	（8）加强经营分析
4.企业文化建设	（9）宣导变革意识

第三步：分析战略情景任务

牵一发而动全身，战略决定组织，组织服务战略。组织的战略目标通常不是一个部门或者一个岗位能实现的，往往会由组织内多个部门、多个业务序列联动起来共同完成。当组织战略目标发生变化时，需要识别与战略落地最关键的岗位序列，考虑组织结构是否需要调整，人员如何调配。确定落实战略目标的部门及岗位后就要确定这些人做什么事情了，也就是由组织战略引发的关键任务是什么，关键任务是与战略目标紧密结合的。

战略演绎

【案例背景】

一家提供在线学习平台的公司，战略目标从"提供在线学习平台的功能服务"转型为"为用户提供学习平台的深度运营服务"。

【原战略目标】

组织原目标为"提供在线学习平台的功能服务"，主要承担战略目标的是IT技术部门，他们的工作任务是围绕着产品开发、产品迭代、服务器维护等平台软件功能展开的，为客户提供学习内容管理、学员账号管理等功能。

> **【新战略目标】**
>
> 新的战略目标为"为用户提供学习平台的深度运营服务"。客户的成熟度越来越高，只提供学习平台的功能性服务已经不能满足客户需求，在平台基本功能基础上展开学习项目的运营服务，比如为客户提供线上线下相结合的学习项目的规划设计与运营服务，需要运营部门人员的重度参与。新的战略目标需要客户服务部相关工作人员，他们的关键任务是设计学习项目、运营学习项目。

战略目标转型，承担战略目标的业务部门也发生了变化，实现战略的关键任务也不相同了。

案例　某房地产战略情景任务分析

某房地产公司，作为中国房地产龙头企业之一，经过二十多年的发展，项目覆盖了全国主要的大中城市，产品覆盖商品房、别墅、商业综合体和旅游地产。随着行业竞争不断加剧和国家房地产调控政策的调整，房地产行业从卖方市场转为买方市场，销售人员的平均销售业绩增长缓慢。在这种背景下，公司提出了企业转型的战略目标，转变依靠资源、依靠产品的传统营销模式。

企业战略的的转型，势必会影响到组织重要措施的变革，对公司的销售队伍提出了更大的挑战，销售团队必须转变"靠资源靠产品"等传统营销方式，特别强调精准化、差异化的销售变革。其中：

- ✓ 精准化销售措施，主要基于市场数据分析与调研，充分发掘客户的需求，找准定位；
- ✓ 差异化销售措施，充分挖掘消费者需求规律，关注区域性、差异化需求与特点，制定差异化营销策略。

根据组织战略目标和组织关键措施，实现组织战略目标分析战略措施对应的关键任务。

战略演绎

【案例背景】

某房地产企业战略转型目标由"依靠资源、依靠产品"的传统营销模式转变为"精准化、差异化"的营销模式。

【分析工作任务】

根据新战略目标分析工作任务。

组织战略目标	组织关键措施	对应的关键任务
转变靠资源靠产品传统营销方式	措施一 精准化销售	市场分析
		竞品调研
		客户研究
		政策解读
		编写产品手册
	措施二 差异化销售	拓展客户渠道
		整合客户资源
		客户维护

（2）岗位职责分析

岗位职责是对工作任务的具体描述，是罗列工作任务的重要来源之一，它条理清晰地指明了每一项具体工作，包括具体内容、所需时间，即有顺序性也有逻辑性。通常根据岗位说明书可以得到岗位的工作职责，核心内容就是岗位职能描述，包括岗位概述、岗位职责、岗位权限和绩效标准等信息。

什么是岗位职责分析

岗位职责是组织对劳动用工的科学配置,能够有效避免岗位重叠。

岗位职责的描述可以参考:做什么+工作结果。它是对每项职责需要采取什么行动,达到什么标准的描述。岗位职责是业务按流程或者目标实施的结果,因此分析每项岗位职责可以拆解出多项岗位任务。拆解岗位职责有助于明确岗位任务边界,确定核心业务,还可以根据不同岗位职责快速区分任务的层次。

岗位职责分析的工作任务的过程是:研读分析已有文件、拆解工作职责、获得工作任务。(如图2-21所示)

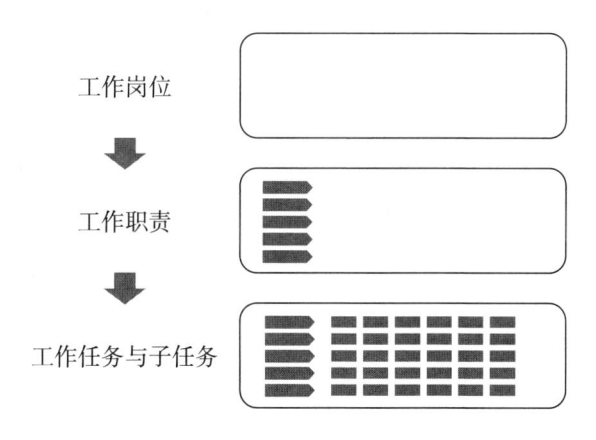

图2-21 岗位职责分析工作任务

岗位职责梳理原则

岗位职责应该是描述工作任务最全面、最权威的来源,因此在绘制关键岗位学习地图时需要额外重视这条梳理路径,需要满足以下两个原则:

- ✓ 原则一 全覆盖。根据最新的岗位说明书,按照业务序列与专业分类对其下属的各个岗位进行梳理,保证对所有岗位的全面覆盖。
- ✓ 原则二 独立性。将工作职责相同但属于不同部门的岗位进行合并以及优化调整，避免交叉重复。

🔧 岗位职责引导工具

岗位职责分析工作任务可以采用多种形式，比如文献研读、标杆分析、问卷调查、访谈等。无论采用哪种形式，都需要引导相关工作人员明确岗位职责，确认工作任务，提供一个引导话术的工具供参考。（如表2-18所示）

表2-18 岗位职责引导话术

内容	引导话术
工作职责	您的工作职责有哪些，有岗位责任书吗？有工作标准和工作规范吗？
工作任务	您的岗位任务和目标是什么？
	在工作过程中承担什么角色，比如是操作员或是维修设备？
工作环境	工作岗位的工作环境如何，比如工作场景、环境温度、是否通风、是否有辐射、灰尘等。
	在工作环境中有哪些肢体活动？
生产过程	工作任务的过程是怎样的？生产什么产品或提供哪些服务？如何获得原材料？客户是谁？
生产工具	完成任务需要用到哪些工具，比如计算机、软件、机床？
	如何使用这些工具？
工作方法	如何完成工作任务？比如如何查找故障、如何保障质量、如何加工、如何装配？
组织关系	工作是如何安排的？是独立工作，还是需要团队协助，需要部门联动吗？
	哪些级别对工作有影响？
工作要求	完成任务时必须满足企业的哪些要求？
	客户有哪些要求？
	社会有哪些要求？
	要注意哪些法律法规及质量标准？
综合问题	与其他工作任务有哪些联系？
	与其他岗位的相同任务有何共同点？

案例 （培训管理）岗位职责分析

分享一个由（培训管理）岗位职责拆解工作任务的案例。

> **战略演绎**
>
> 【案例背景】
>
> 分析"培训经理"的岗位职责，获得工作任务。
>
> | 岗位职责 | 工作任务 |
> | --- | --- |
> | 根据公司的总体战略建立培训体系，包括制度建立、资源整合及运作管理。 | 1.制订培训制度
2.运营培训项目
3.整合培训资源 |
> | 根据公司总体服务质量情况和员工培训需求，制订、组织、落实公司年度和月度培训计划。 | 4.制订月度培训计划 |
> | | 5.制作年度培训计划 |
> | 监控培训计划的达成。根据各部门服务质量情况及员工素质需求，协助部门制订培训计划，并检查计划实施情况，总体培训情况和各部门培训检查情况进行总结，对培训效果做出客观评估，提出培训新方案。 | 6.监控培训实施情况
7.总结复盘培训项目
8.评价培训项目 |
> | 拓展培训渠道和培训资源，积累培训经验和资料，开发培训课题，编制培训教材，编写培训教案。 | 9.拓展与维护培训渠道
10.开发培训课程
11.编制培训教材
12.编写培训教案 |
> | …… | …… |

在该案例中涉及"培训经理"一个级别的岗位职责，根据职责分析出相应的工作任务。

案例 （营销岗位序列）职责分析

接下来分享一个案例，某汽车营销岗位序列包含三个岗位，梳理他们的岗位职责获得工作任务。

战略演绎

【案例背景】

某汽车销售岗位序列包括：初级销售顾问、中级销售主管、高级销售经理等岗位，根据岗位职责拆解每个职位的工作任务。

职位	岗位职责	工作任务
销售经理	进行市场分析、管理、促销策划及信息反馈	分析市场信息
	建立、培养和维护一支以客户为中心的销售队伍	组建销售团队 培训销售团队
	做好本部门人员的工作指导和考核工作	制订销售目标 辅导销售工作 考核销售目标
	……	……
销售主管	完成上级领导下达的经营目标和工作计划，并将指标分解到每个月、每个人	分解销售指标
	负责销售展厅的现场管理	管理展厅现场
	对展厅销售人员进行管理	管理销售顾问
	……	……
销售顾问	通过六方位绕车讲解展示专业知识	六方位绕车讲解
	为客户提供试乘试驾	提供试乘试驾
	仔细聆听客户的询问和要求，主动提问弄清需求	挖掘客户需求
	……	……

请注意审核岗位职责的有效性。

温馨提示

审核岗位职责的有效性

在梳理过程中，虽然每个职位都有人力资源部提供的岗位说明书，但其中有可能有部分不能一一对应，或者不能进行详尽的描述。需要重新与各部门负责人进行工作岗位的确定，特别注意岗位工作中所涉及的标准现状、岗位标准的使用情况，是否过期、是否废止、岗位标准是否缺失等问题。

（3）工作流程分析

通常一个岗位的工作职责按照重要程度有5～8条的描述，但相对于实际的任务和具体场景，岗位职责的颗粒度还是过于粗糙，其中很多工作是需要工作流程做支撑的。这些流程或大或小，大的流程可能覆盖全部的职责范围，小的工作流程或者是某个岗位职责的支撑点，因此在梳理工作任务的过程中分析工作流程是非常有必要的。

在分析工作流程时可以从标准流程中寻找工作任务，也可以从重点工作的流程中寻找工作任务。

从标准流程中找关键任务

成熟组织中经常会有一些重要岗位，这些岗位的工作内容高度重复，经过多年的经验积累有严格的工作规范与标准的工作流程。比如在生产冰箱、空调、热水器等生产线操作过程中有严格的操作流水线；比如在汽车产品的营销服务和售后维修服务中也都有相应的标准流程。在这些具有完整的并且是标准的工作流程中很容易找到工作任务。

以汽车4S店"初级服务顾问"岗位为例，作为某汽车品牌初级售后服务岗位，需要做的服务工作有标准的七步工作流程：预约客户、预检问诊、制作订单、维护修理、质量控制、交车结算、跟踪回访。依据工作流程，很容易寻找到服务顾问的工作任务。在这个标准流程中，每一个步骤都对应着一个工作任务。（如图2-22所示）

需要注意的是工作任务是有颗粒度的，上一级工作任务可能会包含有子任务，同一个工作任务也可能会有不同的任务场景。在进行学习地图规划时需要

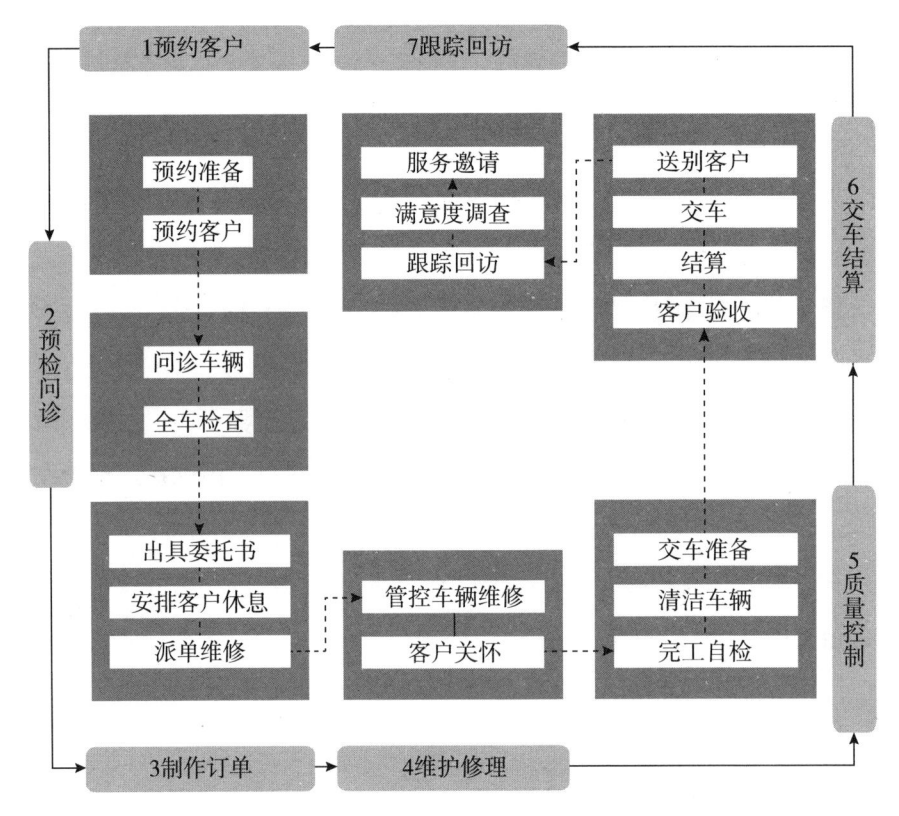

图 2-22 （初级售后服务）标准服务流程

分辨并处理好任务与子任务的关系，以及任务与工作场景的关系。这些子任务是单独罗列，还是作为一个任务的场景出现，需要根据实际情况进行妥当处理。

例如初级服务顾问岗位标准服务流程中有一项任务是"跟踪服务"，它具有下一级子任务"满意度调查""维修回访"，这些子任务因为在实施过程中有难度，一旦操作不当会影响客户的复购行为，所以在规划学习地图时可以单独作为该岗位的学习任务进行罗列。

再比如在"预约客户"任务中，有下一级子任务"被动预约""主动预约"，其中

✓ 被动预约：根据客户维修记录进行电话咨询是否需要预约汽车保养。
✓ 主动预约：客户主动电话汽车4S店预约汽车维护保养。

这两个子任务虽然是独立的，一个是客户主动预约，另一个是客户被动预约，虽然形式不同，但关键动作和话术都是相同的，所以不需要作为学习任务进行单独罗列，在这里作为"预约客户"的两个任务场景进行描述就可以了。

经过对汽车4S店"初级服务顾问"岗位标准服务流程的步骤梳理，得到了该岗位的工作任务。（如表2-19所示）

表2-19　（初级服务顾问）岗位标准服务流程的工作任务

任务名称	任务目标	工作步骤	子任务
标准售后服务流程	实现客户在汽车经销商处接受服务的经历和车辆维修时满意	1.预约客户	预约客户
			预约准备
		2.预检问诊	问诊车辆
			全车检查
		3.制作订单	出具委托书
			安排客户休息
			派单维修
		4.维护修理	管控车辆维修
			客户关怀
		5.质量控制	完工自检
			清洁车辆
			交车准备
		6.交车结算	客户验收
			结算
			交车
			送别客户
		7.跟踪服务	跟踪回访
			满意度调查
			服务邀请

从重点工作流程中找关键任务

组织中的培训管理人员所做的日常工作有制订年度培训计划、运营培训项目、管理内训师团队等多项工作，这些工作都是比较独立、分散却很重要的模块，虽然没有完整的流程将他们穿插起来，但这些工作中有一些是具备自己的流程的。

比如"制订年度培训计划"，是有时间先后顺序的，工作流程如图2-23所示。

```
制订年度培训需求
    ↓
设计需求调研工具
    ↓
收集整理培训需求
    ↓
编写培训需求调研报告
    ↓
制作年度培训计划
```

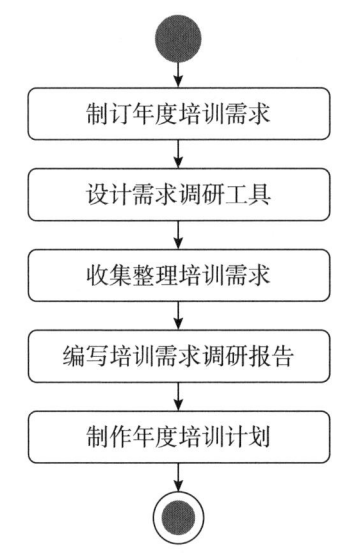

图2-23 制订年度培训计划工作流程图

- ✓ 步骤一：制订年度培训需求。首先在年初制订一份符合组织需要的调研计划。
- ✓ 步骤二：设计需求调研工具。为了完成调研工作需要设计相应的调研工具。
- ✓ 步骤三：收集整理培训需求。进行需求调研并且收集相应部门，包括领导层、各条业务线等不同角度的培训需求。
- ✓ 步骤四：编写调研报告。根据调研结果编制调研报告。

✓ 步骤五：制订年度培训计划。以文字或图文形式制作年度培训计划。

对于培训管理人员而言，"制订年度培训计划"这项重要的工作有一个完整的工作流程做支撑，将重点工作按照流程或时间先后顺序进行拆解后就得到了相应的工作任务。（如表2-20所示）

表2-20 （培训管理人员）"制订年度培训计划"工作任务

任务名称	任务目标	工作任务
制定年度培训计划	在年度初期为满足企业培训需求制订公司年度培训计划	制订年度培训需求
		设计需求调研工具
		收集整理培训需求
		编写培训需求调研报告
		制作年度培训计划

引导话术

工作流程分析来自于业务专家的实际工作行为和工作经验，可以采用调查问卷、小组讨论等形式，在编写调研问卷或小组引导时可以参考以下问题进行引导，如表2-21所示。

表2-21 工作流程分析引导工具

序号	引导话术
1	您在目前岗位上完成工作是否有标准的流程或规范？您的职责是什么？
2	在生产经营过程中，工作过程是怎样的？
3	生产什么产品或提供哪些服务？如何获得原材料？怎样获取合同？客户是谁？
4	有哪些工作是重要的工作？这些工作是什么内容，比如技术、服务、文献整理、控制程序。这些工作的流程或时间先后顺序是什么？

（4）补充典型事件

在日常工作职责和标准工作流程之外，也有一些工作是偶然发生或者发生频次比较低的事件，虽然这些事件不是每天发生或者不是每个工作流程都包含，但是一旦发生就会影响工作效率与质量，甚至对工作产生重要的影响，因此需要将这些典型事件找出来，判断是否有必要作为学习任务进行描述。

补充事件四种情况

通过补充事件的方法获取工作任务时可以参考以下几种情况：

突发事件

突然发生的事件，造成或者可能造成危害的事件。比如因为飞机长时间延误导致的群体投诉事件，这时候有经验的地服人员是如何进行危机处理的。

高光事件

重大事件，超乎寻常的表现，尤其是取得业绩最好的事件。每个岗位的优秀员工都会有高光时刻，例如作为房产销售人员在三年内成交金额最大一笔订单是如何发生的，比如一次成交了多套住房的订单是什么情况。回顾这些高光事件，作为一个特殊的工作任务，总结其中的操作要点，转化为学习任务。

遗憾事件

新手常见问题，在工作中容易踩的坑、需要避免的雷区。这些事件在工作中是很好的反面案例，越是失败事件越有警示作用。例如在为客户推销新产品时总是被拒绝，是否有必要分析失败的原因，是面对的客户群体不准确，还是推介新产品的话术没有准备充分。

印象深刻的事件

最受触动、印象最深的事件，像烙印一样深深刻在内心深处让人难忘。比如作为销售顾问第一次为客户提供服务是很难忘的事情，前一天客户开开心心购买了一台冰箱离店后，第二天却发现质量有问题带着怨气返了回来，面对这种尴尬的"过山车"事件如何处理。

案例 （高速公路收费员）岗位－入口特殊事件

随着我国公路基建设施的发展，在高速公路管理中高速公路收费员是一个重要的关键岗位，该岗位的日常工作有标准的收费流程做参照，但在此流程外，经常会遇到一些突发事件：

- ✓ 比如在入口处司机因为路线不熟悉，在已经领取了高速公路通行卡后，又决定不上高速了；
- ✓ 比如在出口处因为打印票据发生的误操作。

这些情况时有发生，通过补充事件分析，将入口特殊事件处理、票据打印特殊事件处理这些工作任务补充进来。（如图2-24所示）

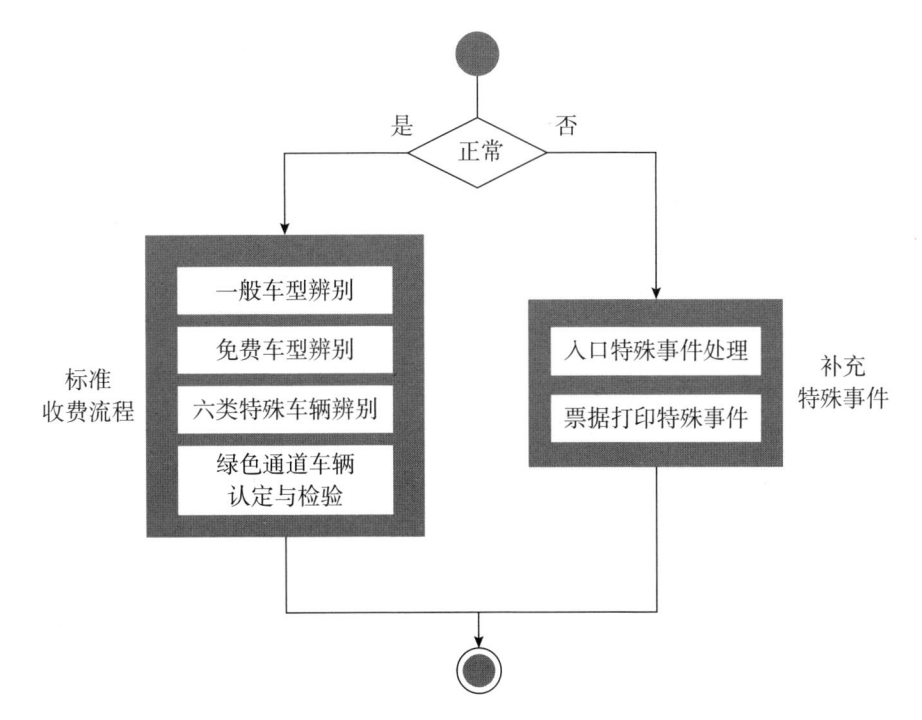

图2-24 （高速公路收费员）入口特殊事件

在标准工作流程的基础上补充了特殊事件，综合以上得到了该岗位的工作任务清单。（如表2-22所示）

表2-22 （高速公路收费员）标准收费流程工作任务

任务名称	子任务	补充事件
标准收费流程	一般车型辨别	入口特殊事件处理 票据打印特殊事件
	免费车型辨别	
	六类特殊车辆辨别	
	蓝色通道车辆认定与检验	

案例 （初级服务顾问）岗位 – 补充事件

在汽车4S店初级服务顾问岗位的标准服务流程中，已经完成了基本的工作任务与子任务的分析，在此基础上通过事件的补充又获取了很多新的工作任务。（如表2-23所示）

表2-23 （初级服务顾问）岗位补充典型事件

任务名称	工作步骤	子任务	补充典型事件
标准售后服务流程	1.预约客户	预约客户	A 客户提出异议 B 预约客户迟到 C 预算超出客户预期
		预约准备	
	2.预检问诊	问诊车辆	D 接待多名客户 E 接待事故车
		全车检查	
	3.制作订单	出具委托书	F 接待第一次进场客户 G 接待手续不齐全客户 H 接待返修客户 I 面对抱怨客户 J 销售养护产品
		安排客户休息	
		派单维修	
	4.维护修理	管控车辆维修	K 车辆维修增项处理
		客户关怀	

续表

任务名称	工作步骤	子任务	补充典型事件
	5.质量控制	完工自检	—
		清洁车辆	
		交车准备	
	6.交车结算	客户验收	—
		结算	
		交车	
		送别客户	
	7.跟踪服务	跟踪回访	L 跟踪流失客户
		满意度调查	
		服务邀请	

访谈引导工具

补充事件分析法是岗位职责分析法、工作流程分析法的重要补充，可采用问卷调查、行为事件访谈、小组访谈等形式获得，可以参考以下话术对业务专家进行引导。（如表2-24所示）

表2-24 补充事件引导话术

事件内容	引导话术
突发事件	除了以上情况，还发生了什么特殊的情况？当时有什么困难？最后的结果如何？
高光事件	能分享一下在过去三年内发生在你身上最成功的故事吗？ 完成任务过程中最有成就感的事情是什么？你的工作职责是什么？
遗憾事件	完成任务过程中最遗憾的事情是什么？ 能分享三年内最失败的故事吗？ 决定成败的关键环节有哪些？ 如果重来一遍，你会怎么做？ 完成这项任务中有没有忽略掉的事情？
印象深刻事件	完成任务过程中印象最深刻的事情是什么？ 有什么事是特别难忘的？ 完成任务过程中最有挑战的事情是什么？

3.梳理工作任务的方法

以上分享了绘制关键岗位学习地图时梳理工作任务的基本路径,包括:战略情景分析、岗位职责分析、工作流程分析以及补充典型事件。在这些途径中为了获得岗位的工作任务使用的方法有很多,比如高层访谈、企业文化推导、行为事件访谈、问卷调查等,这些方法大致分为两类,分别是从组织角度出发自上而下的"战略演绎法"和从员工角度出发自下而上的"行为规则法"。

这两种方法侧重不同:

- ✓ 当组织希望学习地图起到战略指导和文化宣导的时候,可以侧重自上而下的战略演绎法;
- ✓ 当组织希望学习地图对员工的绩效评估和培训提供统一的标准时,可以侧重自下而上的行为归纳法。

这两种方法互相补充、相辅相成,在实践使用中结合实际情况灵活应用。(如图2-25所示)

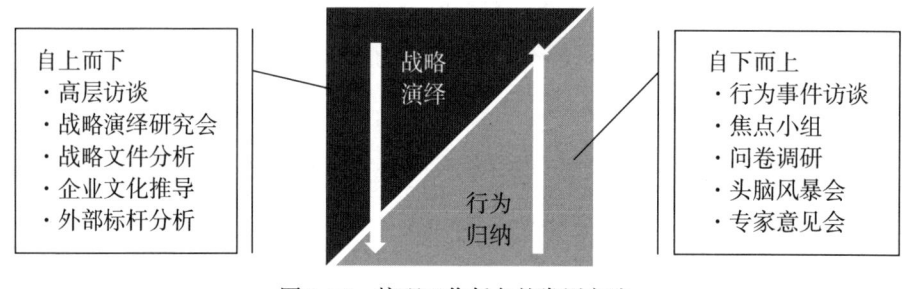

图2-25 梳理工作任务的常用方法

(1)自上而下战略演绎法

战略演绎法,也称作做自上而下的战略分析法,是基于组织面临的宏观环境和未来战略,通过分析组织战略以及未来的商业模式,获取所需要的组能能力,从而落地为员工的具体能力素质要求,使用战略演绎法可以将企业对员工的总体性要求落实到某一岗位或者某一类型员工的具体要求上。

组织的战略将会在较长的一段时间里指导组织的发展，为组织提供一个大方向，再将这个大方向细化为具体的目标，依据不同目标进一步划分为不同战略措施、行为准则，最后依据战略措施或行为准则，提炼员工的能力素质项。当然，当战略发生变化时，员工的胜任力也会随着变化。具体的操作流程是：

- ✓ 步骤一　梳理组织战略；
- ✓ 步骤二　确定具体战略目标；
- ✓ 步骤三　罗列组织需要采取的战略措施；
- ✓ 步骤四　将措施转化为员工的能力素质项。

> **战略演绎法**
>
> 战略演绎法也称为自上而下的战略分析建模方法，基于组织面临的宏观环境和未来战略，定义组织需要什么样的人才。
>
> 1 组织战略 → 2 具体目标 → 3 战略措施 → 4 员工能力素质项

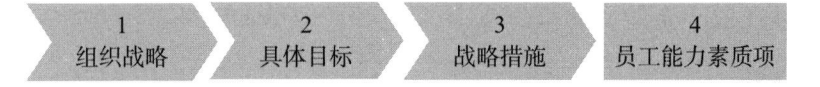

可以解读战略文件获得组织战略，也可以通过战略研讨会分析组织战略。战略演绎法常见的方式有高层访谈、企业文化推导、解读战略文件、战略研讨会与标杆分析等。

方式一　高层访谈

战略演绎法的起点是对组织的使命和战略定位进行理解，在实践中可以采用高管访谈的方式，明确组织战略主题以及核心意义。

高管的参与对战略分析的成功非常重要，可以邀约企业高管、各事业部或各区域负责人进行研讨会。在进行高层访谈时有两个关键要点：一是如何把高管对项目的期望传递出来；二是如何保证流程顺畅地进行。

为了在短时间内更精准地解读组织战略，分享一个高层访谈工具，比

如询问企业的目标、愿景、价值观，比如如何理解客户的需求等。（如表2-25所示）

表2-25 高层访谈提纲

序号	访谈提纲	访谈目标
1	将要去哪里？要成为什么？	愿景、任务、目标
2	现在在哪里？	分析外部经营环境、分析内部环境
3	客户是谁？客户最重要的需求是什么？企业产品为客户提供的需求在哪里？如何快速实现？	客户定位、识别客户需求、规划产品线、开发产品
4	将如何去到那里？在哪个方面可以领先竞争对手？具体做法是什么？	战略定位、竞争战略、职能战略、实施策略及计划
5	需要具备哪些核心能力？竞争优势如何保持？竞争优势能够保持多久？	核心能力
6	如何评价始终在正确的路上？	战略评价与检讨

方式二 企业文化推导

战略演绎还有一种经典方式是企业文化推导，从企业文化出发，分析员工所需具备的胜任素质。

企业文化推导需要对企业文化有着深刻的理解，一方面，可以对企业的发展历史、领导讲话、年度总结等书面材料进行分析；另一方面，也可以对企业的高管或者企业中的资深员工进行访谈。如果是企业外部人员帮助组织推导文化元素从而提炼能力素质项时，最好能够在组织中实地观察和体验一段时间，以便更好地理解企业文化。

方式三 标杆分析

战略演绎还有一个经典的方式是标杆分析。常言道："榜样的力量是无穷的。"标杆分析是通过与先进标杆的对比，让企业知道自身的差距，帮助组织少走弯路，缩短追赶先进的时间，减少组织的风险成本与管理成本。通过对标杆企业的研究，找出决定其成功的关键能力项。

进行标杆分析时，主要有选标、对标、超标三个步骤。（如图2-26所示）

选标　　　　　　　对标　　　　　　　超标

选定学习对象　　　研究最佳实践　　　模仿与超越

图2-26　标杆分析

- ✓ 第一步选标：向业内或业外的最优秀组织学习，首先要选定学习对象。
- ✓ 第二步对标：不断寻找和研究一流组织的最佳实践，并以此为基础与本组织进行比较、判断和分析，从而使自身得到不断提高和改进，进入"赶超一流组织，创造良好优秀业绩"的管理循环过程。
- ✓ 第三步超标：通过学习，重新思考和改进组织的经营实践，创造自己的最佳实践，实际上就是模仿、创新与超越的过程。

通过与先进标杆对比，让组织知道自身的差距，少走弯路，缩短追赶先进的时间，减少组织风险成本与管理成本。

（2）自下而上行为归纳法

行为归纳法也称作自下而上的方法，是由特殊到一般、由个体到全体的过程。在工作岗位上，将某个或者某些高绩效员工所具备的行为特征，把他们归纳为某个岗位或者某一类型员工的普遍要求。行为归纳法是提炼学习项目，特别是关键岗位"专业知识"类学习项目必不可少的方法。

通过行为归纳法获得工作任务的常见的方式有行为事件访谈、焦点小组访谈、问卷调查等方式。

方式一　行为事件访谈

行为事件访谈法是绘制关键岗位学习地图最常用的方法之一，通过对绩优者与绩效普通人员之间的关键行为进行访谈与统计，从而挖掘隐藏在背后的真实原因，获得两者之间具有显著性差异的基本能力，然后定义出影响关键绩效的基本能力要素。

行为事件访谈法的核心步骤包括明确绩优标准、选定候选人、行为事件信息收集、访谈资料统计、以及基本能力项目的定义等。

核心技术是STAR法则，可以帮助获得真实、完整的关键事件，让被访者详尽、完整地描述工作场景。（如图2-27所示）

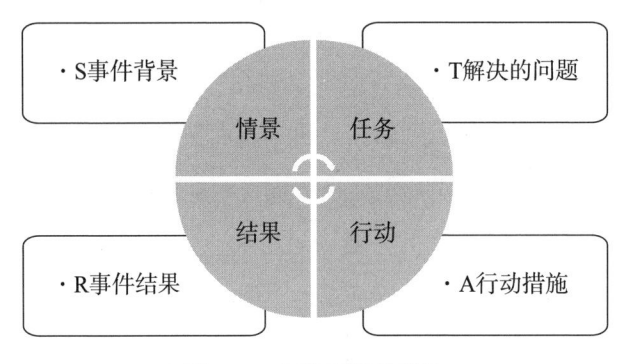

图2-27　行为事件访谈法

- ✓ S（Situation）指的是背景、情境，也就是行为事件发生的背景是什么，情况如何。
- ✓ T（Task）指的是任务，也就是面临的工作任务是什么，要解决的问题是什么。
- ✓ A（Action）指的是行动，面临任务时是怎么想的、怎么做的，具体采取哪些行动和措施。
- ✓ R（Result）指的是结果，也就是结果如何，造成什么样的影响。

行为事件访谈法可以获得全方位、细致的信息，可信赖程度是比较高的，但也会花费时间成本，并且需要访谈人员具备较高的专业素质，对访谈的人员数量也有要求。

方式二　焦点小组访谈

焦点小组访谈法又叫做小组座谈法，是采用小型座谈会的形式，由一名经过训练的主持人引导其他参会人员，从而深入了解有关问题。

焦点小组访谈可以：

- ✓ 扩大调研访谈的样本量；
- ✓ 访谈的内容也更聚焦；
- ✓ 因为是成员相互之间的思想碰撞，对比较模糊的信息更容易澄清；
- ✓ 小组讨论甚至可以获得意想不到的信息，可以帮助收集典型的行为范例。

方式三　问卷调查

问卷调查法也叫做为"书面调查法"，或者"填表法"，也是一种常用的自下而上的方式，是以书面形式间接搜集信息的的调查方式。通过向调查者发出简明扼要的问题，请被调查者填写对有关问题的意见和建议来间接获得信息的一种方法。

采用问卷调查时需要注意两点：

- ✓ 第一，对调查对象的选择。注意不同岗位序列最好选择绩优、绩中、绩差不同类型的员工参加；
- ✓ 第二，在问卷设计上。力求简单明了，不要让员工产生歧义，以免影响最终的调查效果。

（3）方法的应用

以上分享了在绘制学习地图过程中的常用方法，不同组织所处行业和发展阶段不同，其战略规划、业务选择、价值创造模式、文化主张、员工水平、组织成熟度等多个因素都存在较大的差异，因此没有"一招鲜"，需要从组织实际出发选择更适合的方法。

比如使用行为归纳法发放问卷时，其实问卷中的问题是由战略分析演绎得来的；再比如有的业务专家人员聚集，配合度高，可以使用焦点访谈或头脑风暴等形式；有的业务专家分布在全国各地甚至是世界各地，不能集中到一起进行研讨，使用问卷调研或一对一电话访谈就是最佳方式。

在关键岗位的敏捷能力素质模型中，知识技能模块和能力素质模块所包含的知识来源是不同的，需要逐一分析获得每一项知识的合理性，接下来结合知识类型列举一些常用的方法是如何应用的。

能力素质模型中有关知识项的组成部分，是由"基本知识"和"专业知识"组成，其中"基本知识"包括行业知识和企业知识；"专业知识"包括陈述性知识和程序性知识。无论哪种知识都要紧密围绕组织业务才能发挥作用，组织的业务规划则通过员工的工作任务得以落地实现。其中：

- ✓ 基本知识，是整个行业以及本企业需要了解的知识，是全体员工都必须掌握的。例如，金融行业知识、餐饮行业知识、汽车行业知识。通过拆解行业特色、组织层面的产品服务、整体业务流程，可以通过问卷调查、小组访谈等形式获得。

- ✓ 企业知识，需要了解的本企业的基本知识，是企业生产经营过程中需要了解的知识。例如中国银行的"企业历史发展""金融业务种类"，再例如奔驰汽车的企业中的"奔驰汽车发展史""奔驰汽车系列产品"。企业知识可以通过高层访谈、企业文化推导、高层研讨会等形式获得。

- ✓ 专业知识，指的是岗位序列的专业知识，特别是对程序性知识也就是操作技能的梳理。组织业务专家回顾岗位的工作职责、典型的工作任务、标准的工作流程等，在具体的工作场景下，员工应达到的目标、遇到的困难、具备的知识、采用的措施。专业知识可以通过行为事件访谈、焦点小组访谈、问卷调查、头脑风暴等多种形式获得。

- ✓ 素质项：素质项来源于企业文化，由于每家企业文化价值理念不同，对员工的素质要求也不同，因此素质项需要与企业文化相结合，由组织战略和文化价值观推导出员工需要具备的具体行为。素质项通常采用战略演绎法获得，比如高层访谈、企业文化推导等。

结合关键岗位敏捷能力素质模型，结合员工所需的能力素质项，推荐一些常用的方法。（如表2-26所示）

表2-26　关键岗位敏捷能力素质模型常用建模方法

能力素质项			常用方法
知识技能	基本知识	基本知识	行为归纳法
		企业知识	战略演绎法
	专业知识		行为归纳法
能力素质	基本能力		战略演绎法
	专业能力		行为归纳法
	管理能力		战略演绎法结合行为归纳法
	基本素质		战略演绎法
	专业素质		战略演绎法结合行为归纳法

4.厘清任务输出清单

在绘制学习地图过程中，依据"穷尽原则"，已经罗列了尽可能多的工作任务，获得这些工作任务后，理论上就可以输出任务清单了，但是在输出之前还需要做一件重要的事情，就是把所有工作任务的逻辑关系梳理清楚，为什么需要厘清工作任务之间的关系呢？

原因一：降低参与者的难度

在绘制学习地图中需要邀请很多业务专家一起参与进来，这些专家是各个业务领域的骨干精英，但大多是首次参与绘制学习地图的工作，不能要求他们在短时间内极其准确地分辨并罗列出所有的工作任务，也不能要求他们保障工作任务的独立性。为了实现穷尽的原则，这时候需要鼓励业务专家尽可能多地罗列工作任务，所以这时候是工作任务、子任务同时罗列出来，甚至任务中的技能点也被当做任务罗列出来，但不能因为精准性而不采用这些成果。

适当的"不精准"可以降低参与者的难度，因此需要将这些从属关系比较混乱的工作任务梳理清楚。

原因二：通过多种途径寻找的工作任务边界不清晰

为了找到更多的工作任务采取的途径和方法很多，所获得的工作任务很有可能是相互渗透、彼此嵌套的，也可能存在从属关系，因此在输出清单之前非常有必要厘清工作任务之间的从属关系。

（1）厘清任务关系

厘清任务与子任务的从属关系

根据绘制学习地图的目标，需要对这些工作任务的隶属关系进行一次整体的梳理，特别要确认工作任务与子任务的从属关系。

例如，物业公司"客户主管"岗位，该岗位的任务边界相对清晰，有日常巡查、业主报事处理、业主意见收集、物业费催缴等。如图2-28所示。

```
┌──────────────┐
│   日常巡检    │
└──────────────┘

┌──────────────┐
│  业务报事处理  │
└──────────────┘

┌──────────────┐
│  业务意见收集  │
└──────────────┘

┌──────────────┐
│  物业催缴费   │
└──────────────┘

┌──────────────┐
│    ……        │
└──────────────┘
```

图2-28 （物业客户主管）岗位工作任务

再比如，物业公司安防巡逻岗位在梳理工作任务时获得园区巡逻、巡逻服务、巡逻事物管理、突发事件应急处理、处理液化气泄露事件、处电梯故障困人事件等很多个工作任务。在进一步厘清关系后，发现了一批特殊事件子任务是属于"突然事件应急处理"任务的，这些子任务的工作也是非常重要的，因此需要重新厘清它们之间的从属关系。（如图2-29所示）

```
工作任务                    子任务

园区巡逻              ┌─ 处理液化气泄露事件
                      ├─ 处理电梯故障困人事件
巡逻服务              ├─ 处理暴雨来临事件
                      ├─ 处理火警事件
突发事件应急处理      ├─ 处理停电事件
                      ├─ 处理台风事件
巡逻事物管理          └─ 处理盗窃和破坏事件

……
```

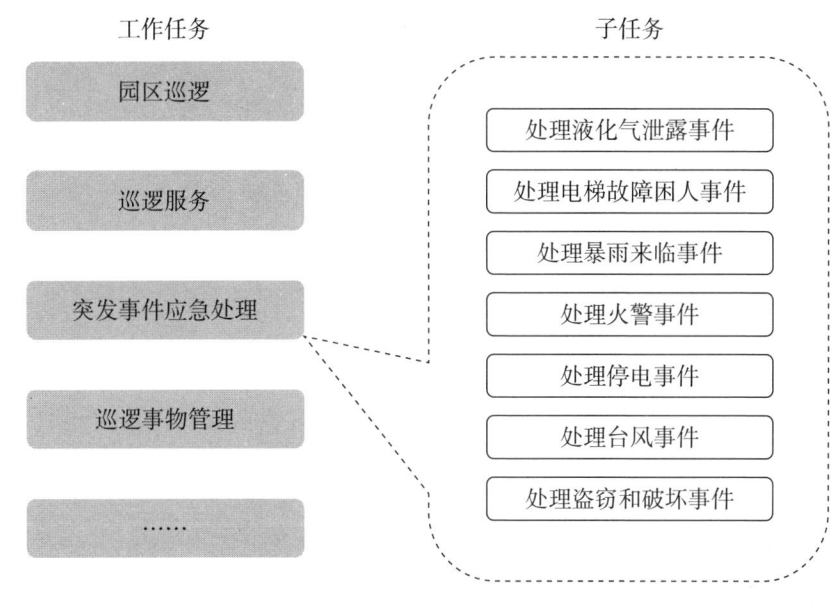

图2-29 （物业安防巡逻）岗位工作任务

案例 厘清（培训经理）岗位工作任务与子任务从属关系

以"培训经理"岗位为例，厘清工作任务与子任务的从属关系，输出任务清单。

首先，罗列该岗位的工作任务。已经了解了多种方法罗列工作任务，在这个案例中，该岗位的工作职责非常清晰，所以首先围绕工作职责展开工作任务的罗列，然后再围绕其中的重点工作开展下一级子任务的展开。考虑重要程度以及颗粒度的问题，没有将设计培训项目、搭建与管理内训师团队和运营与管理培训项目再展开。而是对制订年度计划、评估培训项目、建设与管理知识库、管理培训资源以及赋能内训师团队这些任务进行下一级子任务的拆解，分别采用岗位职责分析、工作流程分析、补充事件获得了子任务。（如图2-30所示）

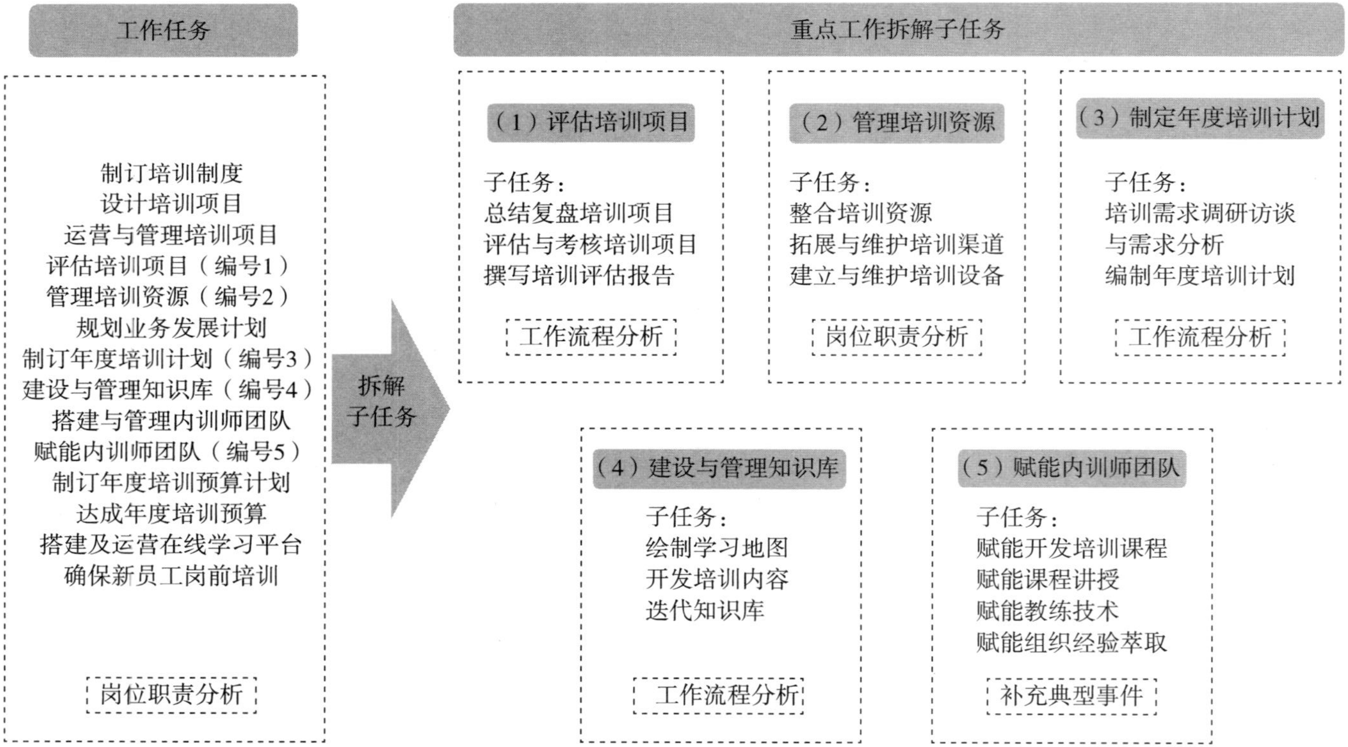

绘制关键岗位学习地图

重点工作拆解子任务

（1）评估培训项目
子任务：
总结复盘培训项目
评估与考核培训项目
撰写培训评估报告
[工作流程分析]

（2）管理培训资源
子任务：
整合培训资源
拓展与维护培训渠道
建立与维护培训设备
[岗位职责分析]

（3）制定年度培训计划
子任务：
培训需求调研访谈
与需求分析
编制年度培训计划
[工作流程分析]

（4）建设与管理知识库
子任务：
绘制学习地图
开发培训内容
迭代知识库
[工作流程分析]

（5）赋能内训师团队
子任务：
赋能开发培训课程
赋能课程讲授
赋能教练技术
赋能组织经验萃取
[补充典型事件]

↑ 拆解子任务

工作任务
制订培训制度
设计培训项目
运营与管理培训项目（编号1）
评估培训项目（编号2）
管理培训资源
规划业务发展计划
制订年度培训计划（编号3）
建设与管理知识库（编号4）
赋能内训师团队（编号5）
制订年度培训预算计划
达成年度培训预算
搭建及运营在线学习平台
确保新员工岗前培训
[岗位职责分析]

图2-30 （培训经理）岗位工作任务从属关系

144

根据厘清关系后的任务与子任务的关系，输出培训经理岗位任务清单。（如表2-27所示）

表2-27 （培训经理）岗位任务与子任务从属关系

序号	任　　务	子任务
1	制订培训制度	—
2	设计培训项目	—
3	运营与管理培训项目	—
4	评估培训项目	• 总结复盘培训项目 • 评估与考核培训项目 • 撰写培训评估报告
5	管理培训资源	• 整合培训资源 • 拓展与维护培训渠道 • 建立与维护培训设备
6	规划业务发展计划	—
7	制订年度培训计划	• 培训需求调研访谈与需求分析 • 编制年度培训计划
8	建设与管理知识库	• 绘制学习地图 • 开发培训内容 • 迭代知识库
9	搭建与管理内训师团队	—
10	赋能内训师团队	• 赋能课程开发 • 赋能课程讲授 • 赋能教练技术 • 赋能组织经验萃取
11	制订年度培训预算计划	—
12	达成年度培训预算	—
13	搭建及运营在线学习平台	—
14	确保新员工岗前培训	—

在输出的任务清单中，确保工作任务和子任务从表述层面上颗粒度接近。

> ☕ **温馨提示**
>
> **确保工作任务在同一颗粒度进行描述**
>
> 在梳理过程中，虽然每个职位都有人力资源部提供的岗位说明书，但其中有可能有部分不能一一对应，或者不能进行详尽的描述。需要重新与各部门负责人进行工作岗位的确定，特别注意岗位工作中所涉及的标准现状、岗位标准的使用情况，是否过期、是否废止、岗位标准是否缺失等问题。
>
> 在罗列工作任务以及厘清任务与子任务的从属关系时特别注意检查任务的颗粒度是否一致，以及子任务的有效性。
>
> 例如培训管理岗位序列有几个经典的工作任务，分别是运营与管理培训项目、搭建与管理内训师团队等，这些任务又分别包含了若干子任务。
>
> （培训管理）岗位序列工作任务的有效性
>
> | 任务：运营与管理培训项目 | 任务：搭建与管理内训师团队 |
> | --- | --- |
> | 子任务：
确定参训名单
落实培训资源
发放培训通知
签订培训服务协议
课前需求调研
确定培训场地
安排食宿和差旅 | 子任务：
制订讲师管理实施计划
盘点讲师资源
发讲师招募通知
组织讲师评审
确认讲师资质
组织讲师培训活动
组织讲师考核 |
>
> 这两个任务多是事务性工作，如果再将子任务进行拆分，工作量会

> 变得无穷尽，并且将这些子任务转化为学习项目的价值不高，因此这些子任务可以作为上一级任务中的关键动作表述即可，而不需要作为独立的子任务进行展开了。
>
> 所以，根据实际需要确定任务的颗粒度，确保工作任务在同一个逻辑层次进行表述。

（2）筛选重要任务

并不是所有工作任务都需要转化为学习项目，比如难易程度级别低的以及不典型的工作任务是不需要培训的，因此需要筛选其中的重要任务作为重点学习项目，后续再萃取绩优人员从事这些重要任务的工作经验，从工作经验中提炼该岗位序列的能力素质项，最终形成学习项目完成学习地图的绘制工作。

筛选依据

从组织的角度考虑，筛选重要任务的依据是可以帮助员工显著提升工作能力、助力组织的绩效提升。提供一个筛选工具做参照，其中涉及的关键字是高价值、有难度、频繁发生、覆盖广等。其中：

- ✓ 高价值：是指工作任务在组织中的价值高，并且是急需的，对组织的发展至关重要。从增益止损的角度考虑，比如是支撑组织核心战略目标的，或者能够帮助组织快速提升绩效、能够降低组织成本的。
- ✓ 有难度：是指从学习的角度出发是否有挑战性，是否在工作中经常出现错误。因为过于简单的工作任务引不起学习兴趣，只有踮踮脚能够得着的学习目标才会引起学习者足够的重视，才会体现出培训的作用，从而促进职业能力发展。
- ✓ 频繁发生：从使用的频率上考虑是否是经常发生的工作任务，如果不经常使用，即使学习了也可能被遗忘，就失去培训的意义。
- ✓ 覆盖广：从受众人群考虑是否需要覆盖更多的人，是否需要标准的工作流程或规范。在组织中只有更多人参与到培训与学习中，才能让积累的价值最大化。

通过以上几个评价标准来审核、判断哪些工作任务可以转化为学习任务。（如表2-28所示）

表2-28 关键任务筛选工具

工作任务	评价依据				总分	等级
	高价值	有难度	频繁度	覆盖率		
工作任务1						
工作任务2						
工作任务3						
工作任务…						

其中，优先级＝高价值＋有难度＋频繁度＋覆盖率，可以为每一项工作任务进行赋值，比如从低到高赋值0分、1分、2分、3分等，经过对累计评分进行排序就能获得关键任务的优先级了。

案例 （培训经理）岗位序列筛选关键任务

以培训经理岗位序列作为示例，经过多位业务专家的综合评分，获得了该岗位工作任务的优先级排位并分级，根据实际情况决定哪个级别的工作任务作为绘制学习地图的重要任务。

在这个案例中根据实际需要，将10分以上的工作任务划分为3星，10～11分的工作任务划分为2星，9分及以下的工作任务划分为1星。获得的工作任务分级列表如表2-29所示。

表2-29 （培训经理）岗位序列筛选重点工作任务

序号	工作任务	高价值	有难度	频繁度	覆盖率	总分	任务等级
1	设计培训项目	3	3	3	3	12	★★★
2	培训需求调研访谈与需求分析	3	3	3	3	12	
3	编制年度培训计划	3	3	3	3	12	
4	开发培训内容	3	3	3	3	12	
5	搭建与管理内训师团队	3	3	3	3	12	
6	赋能开发培训课程	3	3	3	3	12	
7	赋能课程讲授	3	3	3	3	12	
8	赋能组织经验萃取	3	3	3	3	12	
9	运营与管理培训项目	3	2	3	3	11	★★
10	绘制学习地图	3	3	2	2	10	
11	赋能教练技术	3	3	2	2	10	
12	总结复盘培训项目	2	1	3	3	9	
13	评估与考核培训项目	2	1	3	3	9	
14	撰写培训评估报告	1	2	3	3	9	
15	拓展与维护培训渠道	2	1	3	3	9	
16	建立与维护培训设备	2	1	3	3	9	
17	制订培训制度	3	3	1	1	8	★
18	规划业务发展计划	3	3	1	1	8	
19	搭建及运营在线学习平台	3	1	2	2	8	
20	确保新员工岗前培训	3	1	2	2	8	
21	整合培训资源	2	1	2	2	7	
22	迭代知识库	2	1	1	3	7	
23	制订年度培训预算计划	2	3	1	1	7	
24	达成年度培训预算	2	1	1	1	5	

在这个案例中保留了3星和2星的工作任务为该岗位的重要工作任务。

（3）分级输出任务清单

职业发展通道是组织根据发展战略目标，结合生产经营业务特点，为实现员工个人职业发展而设置的路线或途径，典型的培训体系包括横向和纵向两个维度。

- ✓ 横向是将职位按照工作性质进行的划分，为岗位序列。横向发展是员工从本通道的岗位往其他通道的岗位发展，例如从"IT技术岗"转向"IT软件产品营销岗"，虽然从事的是IT技术相关的工作，但是岗位序列发生变化，从技术研发岗位序列转向了营销序列。请注意，在这里只讨论同一关键岗位序列的职业发展，有关于横向发展的职业通道不做展开描述。
- ✓ 纵向针对岗位的等级划分，是员工在岗位所在的通道内由基础层级岗位向高层级岗位发展，是层级价值的体现。

因此，需要将岗位序列的工作任务进行分级，指明每一级岗位所需的工作任务有哪些。

工作任务分级

以营销岗位序列为例，不同层级的营销人员，其工作任务大有不同，或者即使工作任务名称相同，但知识技能、评价准则、学习形式也会不同。比如：

- ✓ 基层营销人员

基层营销人员的关键工作任务是进行销售工作，他们需要学习的是基本的产品知识、基础的销售技巧、商务礼仪、人际沟通技巧等内容。通常，基层营销人员数量众多，可以采用在线学习方式进行培训。

- ✓ 中层营销人员

中层营销人员通常会开始管理一个团队，他们的工作重心由销售工作慢慢转向客户管理以及团队管理，所以中层营销人员需要学习的是客户规划、大客户营销、项目运作、团队建设等内容，因此对他们采用面授、在线学习、在岗培训等多种组合方式的学习。

- ✓ 高层营销人员

高层营销人员的工作重心已经完全转变为团队管理，所以他们需要学习的是如何进行团队建设、如何进行业务管理、如何辅导他人等。高层营销人员人数较少，需要提升的能力多为隐性的能力以及素质，所以采用跨界学习、行动学习、研讨会等方式进行学习更为适宜。

高绩效的学习地图能够改善员工行为，提升完成任务的技能。根据实际工作将任务进行分级，进而转化为学习项目赋能给相应级别的学习对象，即学即用，从而快速提升工作能力，胜任岗位需求。

任务分级标准参考

在划分等级时需要考虑完成任务的复杂程度、应具备的知识深度与广度、操作技能的熟练程度、能力要求和行为标准。给任务划分层级时应考虑以下几个方面：

- ✓ 考虑组织战略对人才的要求。明确组织在哪些任务上需要不同层级的人员达到什么层次水平。
- ✓ 任务要体现梯度性、差异化。不同层级的任务有所不同，即使有相同任务，胜任标准也应不同。比如初级员工只要在适当指导下完成任务即可，中级员工则需要熟练、独立的完成任务，并能有效指导他人。因此，即使任务相同，中级员工要掌握任务背后的原理、熟悉该任务领域的知识，两者的胜任标准是不相同的。

在这里提供一份任务分级胜任标准供参考，如表2-30所示。

表2-30　岗位分级胜任标准参考

分级	胜任标准
初级	（新手）具备基础的专业知识，能够按照规范及要求开展基本工作，从事复杂工作时需要他人指导与支持
中级	（熟手）熟练应用专业知识，熟悉内部运作流程，能够独当一面的开展工作，能够完成大部分工作
高级	（能手）扎实掌握专业知识，能够成熟、独立的完成工作并能够带领和指导他人，能够就本领域的业务运作提出合理化建议
资深	（高手）精通本领域绝大部分的专业知识，熟悉相关领域的专业知识，能够解决重大疑难问题，对于业务的发展策略能够献计献策
首席	（专家）精通本领域专业知识，能娴熟解决跨领域的重大问题，能够有效推进本领域的体系优化与变革，是本领域的战略参谋

在实施中根据组织中不同岗位序列的实际情况进行合理调整，比如某国有企业对管理序列、专业序列、操作序列、营销序列等不同序列，定义的岗位分级如表2-31所示。

表2-31　某国有企业岗位序列分级

职业通道	管理序列	专业序列	操作序列	营销序列
高层 ↑ 基层	总经理 经理 主任 主管	专家 高级工程师 工程师 助理工程师	高级技工 中级技工 初级技工 作业员	销售总监 销售经理 销售主管 销售顾问

岗位不同，工作任务也就不同，任务分级是为学习地图的职业发展通道服务的，所以在绘制岗位学习地图时需要充分考虑组织培训的实际需要。

案例　（培训管理）岗位序列工作任务分级

依据培训管理人员在组织中的职业发展通道，将其工作任务分为三个等级，分别是初级培训主管、中级培训经理、高级培训总监，根据岗位分级获得的任务清单如表2-32所示。

表2-32 （培训管理）岗位序列分级任务清单示例

级别	序号	工作任务
初级 培训主管	1	培训需求调研访谈与需求分析
	2	运营与管理培训项目
	3	赋能开发培训课程
	4	赋能课程讲授
中级 培训经理	5	编制年度培训计划
	6	设计培训项目
	7	赋能组织经验萃取
	8	赋能教练技术
高级 培训总监	9	搭建与管理内训师团队
	10	绘制学习地图
	11	建立知识库

案例 （某汽车主机厂经销商服务）岗位序列分级任务清单

某汽车主机厂经销商服务岗位序列的发展通道为初级服务顾问、中级服务主管、高级服务经理，岗位分级任务清单如表2-33所示。

表2-33 （4S店服务）岗位分级任务清单示例

级别	序号	工作任务
初级 服务顾问	1	预约客户
	2	预检问诊
	3	制作订单
	4	维护修理
	5	质量控制
	6	……
中级 服务主管	7	预约环节应对
	8	预检问诊对应
	9	制作制单
	10	派单维修

续表

级别	序号	工作任务
	11	服务交车
	12	……
高级服务经理	13	现场巡检
	14	管控服务流程
	15	管理流失客户
	16	策划营销活动
	17	制定经营计划
	18	……

依据职业发展通道完成工作任务的分级，绘制关键岗位学习地图已经形成了基本的雏形。

在这一章节中分享了围绕岗位罗列工作任务，在任务中筛选关键任务的基本路径和方法，再根据职业发展通道对岗位任务进行了分级处理。以上这些为后期设计学习项目、规划学习资源做好了充分的准备，也提供了夯实的理论依据。

第二节 提炼学习项目

为了缩短培训与实际工作的差距，绘制学习地图时首先要梳理关键岗位的工作任务，然后根据实际工作要求再规划相应的学习项目，学习项目承载了工作任务的培训要求，它是学习地图的最基本单元。

1.提炼学习项目

首先了解一下学习项目的生命周期，大致有三个阶段，分别是项目设计阶段、实施阶段以及总结评价阶段。

- ✓ 设计阶段。学习项目设计阶段确定学习目标、学习内容、内容形式等项目的基本信息。
- ✓ 实施阶段。学习项目实施阶段主要是记录与追踪培训学习的实施与完成情况。
- ✓ 评价阶段。学习项目评价阶段是对学习效果的评估，评价培训目标是否达成。

从项目的完整周期能深刻体会到学习项目设计阶段的意义，学习项目是学习地图的最基本单元，更是培养员工职业能力的支撑点，需要体现到学习地图中，以保障后期能顺利实施与落地。

提炼学习项目

学习项目来源于实际的工作任务，并依据岗位序列职业发展的能力素质模型，在提炼学习项目时需要考虑。

岗位序列的晋升路径

为关键岗位序列职业生涯发展规划晋升路径，考虑层级跃迁所需要的学习包，比如从新员工入职开始逐步晋升到基层、中层、高层，为每一层级进阶设计相应的学习包。（如图2-31所示）

学习包的知识构成

学习包中所包含的知识类型依据敏捷能力素质模型包含两部分内容，分别是显性的"知识技能"与隐性的"能力素质"。其中：

- ✓ "知识技能"模块的学习项目是岗位序列独有的，来源于实际的工作任务；
- ✓ "能力素质"模块的学习项目来源于企业战略结合岗位的实际工作。

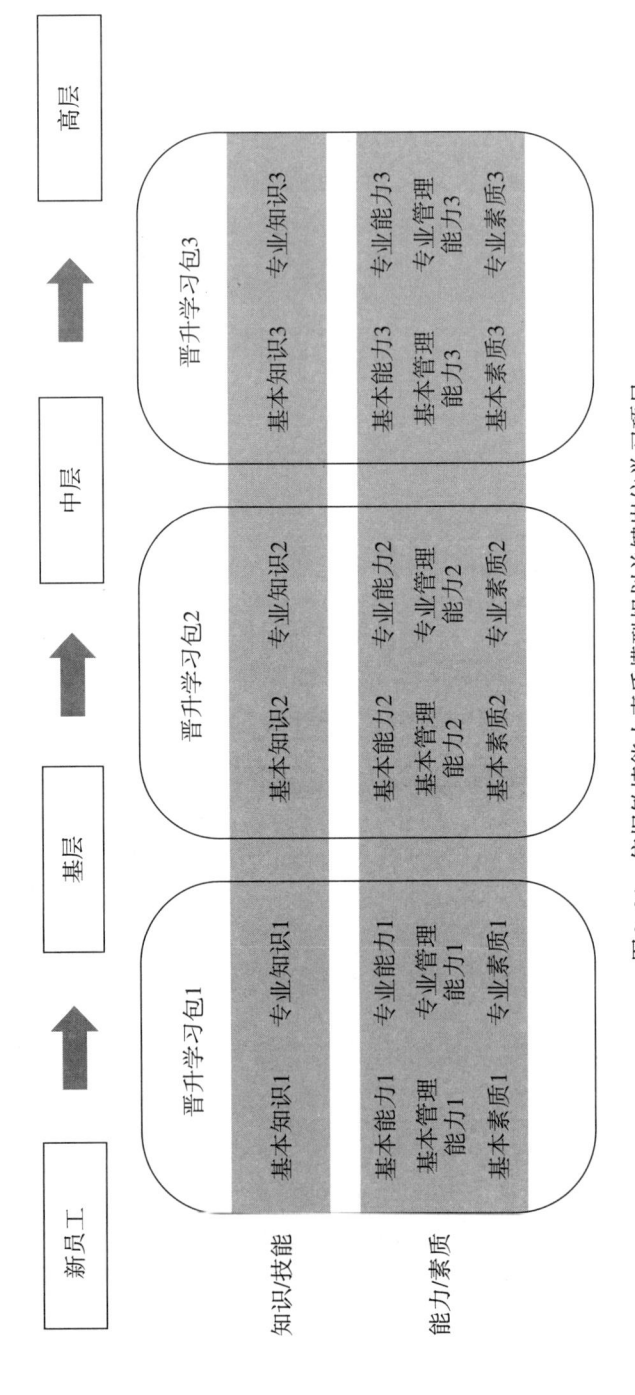

图 2-31 依据敏捷能力素质模型规划关键岗位学习项目

不同层级的学习项目

不同的岗位层级需要具备的知识技能与能力素质不同，体现在学习地图上就是不同层级的学习项目也是不同的。以组织战略为源头，不同层级的学习项目要有明显的区分度。

- ✓ 基层员工是组织的新进员工，需要通过学习培训了解组织适应岗位，因此，对处于初级阶段的员工进行行业基本知识、组织价值观、发展战略、规章制度、相关产品、工作基本知识和岗位基本技能等方面的培训。
- ✓ 中级阶段员工，对职业发展和组织有了较好的认识，可能会出现专业和管理双渠道的职业发展规划，此时要根据岗位性质提供专业发展和管理发展更深入的学习机会。
- ✓ 对于高级阶段的员工已经进入成熟稳定期，来自工作任务的专业知识类学习项目逐渐减少，更注重保持职业成就，承担更高级别的工作，需要提供更多的管理知识以及综合的能力素质培养。

依据关键岗位敏捷能力素质模型，学习项目与各个层级之间的对应关系参考如表2-34所示。

表2-34 关键岗位序列不同层级学习项目关系表

学习项目		岗位层级		
^^	^^	基层	中层	高层
知识/技能	基本知识			
^^	专业知识			
能力/素质	基本能力			
^^	专业能力			
^^	基本管理能力			

续表

学习项目	岗位层级		
	基层	中层	高层
专业管理能力			
基本素质			
专业素质			

案例 （培训经理岗位序列）学习项目

在实际应用中，敏捷建模的模型是为了更加快速、便捷地建立关键岗位的能力素质模型，是作为参照不需要完全照搬。例如某企业的培训管理人员在职业发展方向上有三个层级，分别是初级培训主管、中级培训经理与高级培训总监。

- ✓ 知识模块要求全员具备相同的"基本知识"与岗位序列具备的"专业知识"，尤其强调岗位序列的"专业知识"；
- ✓ 能力模块要求全员具备相同的"基本能力"与岗位序列具备的"专业能力"；"管理能力"模块不再区分岗位序列，只需要按照岗位层级进行划分即可；
- ✓ 素质模块只要求全员具备相同的"基本素质"，而不再区分岗位序列的"专业素质"。

有了以上要求，参照敏捷模型可以迅速形成该岗位序列符合企业实际需要的能力素质模型。（如图2-32所示）

根据自定义的能力素质模型依据该岗位实际的工作任务，转化并提炼相应的学习项目，形成了培训经理岗位序列分级的学习项目，如表2-35所示。

第二部分 绘制关键岗位学习地图

敏捷建模模型（参照）

	行为	
知识技能	知识	基本知识	专业知识
能力/素质	能力	基本能力	专业能力
	管理能力	基本管理能力	专业管理能力
	素质	基本素质	专业素质

行为层 ←---→ 支撑层

↓ 简化

某企业培训管理岗位序列能力素质模型

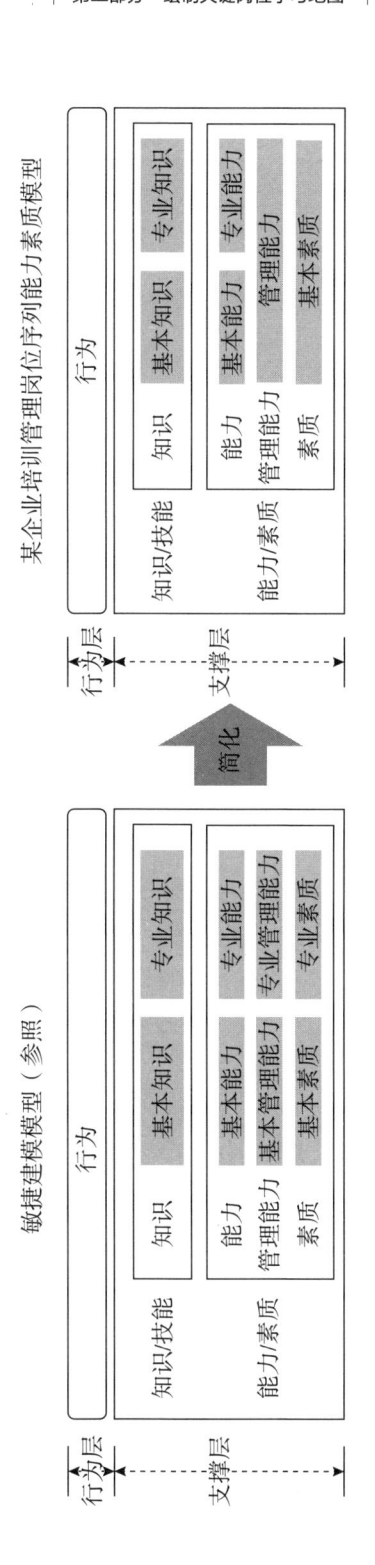

	行为	
知识技能	知识	基本知识	专业知识
能力/素质	能力	基本能力	专业能力
	管理能力		
	素质	基本素质	

行为层 ←---→ 支撑层

图 2-32 参照敏捷能力素质模型快速建模

表2-35 某企业（培训管理）岗位序列学习项目列表

学习内容模块			（培训管理序列）岗位层级		
			（基层）培训主管	（中级）培训经理	（高级）培训总监
知识技能	基本知识	行业知识	教学心理学 知识管理 平台建设 课程开发模型		
		企业知识	企业文化 经营理念		
	专业知识		调研访谈与需求分析 课程开发 授课技巧 课程制作 宣传工具的运用	设计培训项目 项目运营与管理 行动学习 岗位经验萃取 交流技术 知识管理	制订年度培训计划 规划学习地图 培训行业前沿趋势
能力素质	基本能力		有效沟通 成本意识 灵活学习	分析与解决问题 企业思维	持续改善 过程管理
	专业能力		信息处理 灵活交往	计划与协调	善用资源
	管理能力		高质量决策 系统性思考	监督管控 制度优化 培育创新	建立高效团队 组织智慧 策略规划 管理复杂情况
	基本素质		积极主动 敬业精神 诚信正直 责任担当		

由以上示例可以看出，绘制学习地图是将岗位分级与学习项目以及该岗位胜任所需要的知识技能与能力素质要求建立联系，通过每一级的跃迁，员工可以清楚认识到自己在组织中的位置和发展方向，以及自身现实情况与理想目标的差距，从而不断提升自我成长的内驱力。

2.规划学习资源

根据关键岗位的发展通道，提炼了晋级跃迁的学习包，学习地图也有了基本框架。但从员工的角度，虽然了解了职业生涯的发展方向，也知道了每个阶段需要学习哪些学习包，但学习包的概念对于他们而言仍然过于模糊。学习者更希望被告知需要学习哪些课程，这些课程是面授形式还是在线学习；是否有在岗实践的机会，同时有没有岗位操作手册做参照；是否有查看的书籍和专业期刊等，因此接下来需要对学习包继续细化，详细描述更具体的学习资源。

特别需要说明的是，一个学习项目对应的不仅仅是一门课程，除了课程之外可能是一组案例、一本岗位操作手册、一个标准流程、一本图书、一个方案、一个标准、一个制度，或者是由几项学习内容组成的训练营，只要满足组织战略能够实现人才培养，以上这些都属于学习项目下的学习资源。

在为学习项目规划学习资源时通常考虑三组数据：学习内容、学习形式以及内容来源。（如图2-33所示）

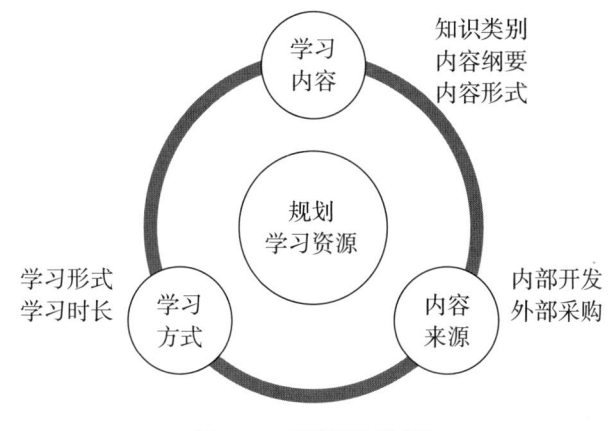

图2-33 规划学习资源

（1）学习内容

确定了学习项目，那在该项目中要包含哪些具体的学习内容呢？

- ✓ 这些学习内容的性质是什么，是知识原理还是实操技能？
- ✓ 是课程、案例，还是岗位操作手册、工作流程？
- ✓ 学习内容的关键要点有哪些，内容大纲是什么？

因此，在规划学习内容时需要从知识类别、内容纲要、内容形式等方面进行描述。

知识类别

知识类别指明学习项目的内容性质，通常分类为知识原理、实操技能、综合技能，以及能力素质等几个类别。

- ✓ 知识原理：回答"是什么"。
- ✓ 实操技能：回答"怎么做的"。
- ✓ 综合技能：回答"是什么"与"怎么做的"两者都需要具备的综合技能。
- ✓ 能力素质：知识和技能是显性的，能力素质回答行为背后所需具备的隐性的知识体系。

内容纲要

内容纲要是描述知识的关键要点有哪些。罗列学习内容是在绘制学习地图阶段非常重要的环节，决定了学习地图是否能落地的关键因素。因为在绘制学习地图阶段虽然不需要详细写明学习内容，但在该阶段需要提出内容范围以及提纲要领，在后期落地实施组织经验萃取详细内容的时候才有依据，因此在这个环节需要业务专家从实际工作出发，将完成工作任务和场景所需的知识要点进行梳理形成内容大纲。

罗列内容纲要过程中充分考虑以下几点：

- ✓ 要点一　既然是纲要，描述最关键的一级知识点，不需要展开二级及以下。绘制学习地图是学习项目的设计与规划阶段，后期根据知识纲要再进行知识资源库的建设，作为内容纲要确定知识范围，把握方向即可。
- ✓ 要点二　学习内容纲要既要全面准确，也要突出重点，保障知识的完整性不冗余不遗漏并且有侧重点。
- ✓ 要点三　学习内容要突出实用性和动态性。技能型学习内容是关键岗位学习地图的重点，要将萃取的经验复制、传递，需要突出知识的实用性。还要考虑学习内容能够随着组织战略变化和业务变化而动态调整。
- ✓ 要点四　学习内容纲要要求准确以及清晰的逻辑关系。例如知识型学习内容描述定义、原理、作用、特征等，回答"是什么"；技能型学习内容可以按照流程、时间轴或者并列等逻辑顺序展开，回答"怎么做"，特别是在实际业务场景下遇到了什么困难，面对挑战情景专家是如何解决的。

以培训经理岗的学习项目"调研访谈与需求分析"为例，这个学习项目来自于实际的工作任务，属于综合技能型，既要回答是什么，又要回答怎么做。（如表2-36所示）

表2-36　学习项目"调研访谈与需求分析"

学习项目	调研访谈与需求分析
内容纲要	**专业知识** 调研方法（BEI、调研问卷、观察法、绩效分析法、头脑风暴法） **关键行为** 1.设定培训现状调查与培训需求调查目标 2.制订访谈提纲 3.使用BEI等访谈技术进行访谈 4.使用调研问卷进行信息收集 5.编制需求分析报告

续表

学习项目	调研访谈与需求分析
	挑战情景 1.需求分析与实际工作结合不紧密 2.需求描述不详尽

内容形式

在为学习项目规划内容形式时特别注意，内容形式不仅仅是课程，只要满足满足培训目标的达成，任何形式的学习资料都是可以的。（如图2-34所示）需要从学习和工作两个角度出发。

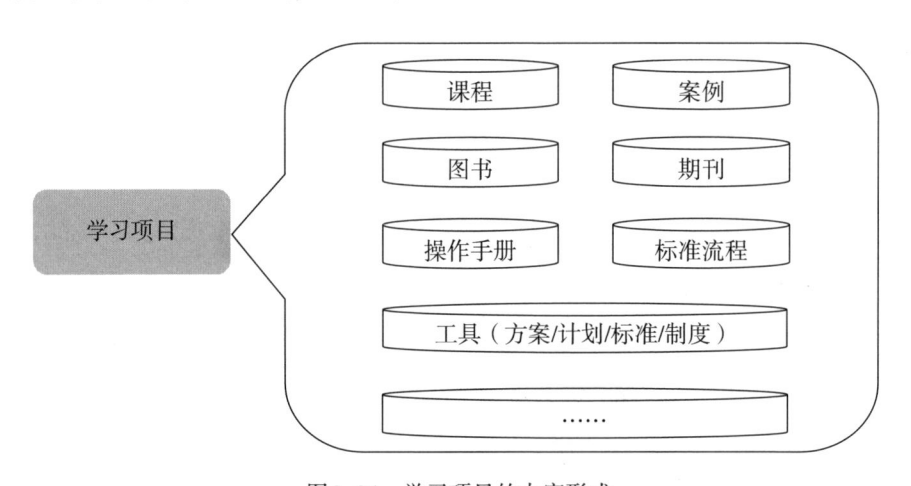

图2-34　学习项目的内容形式

- ✓ 从学习的角度出发，课程、案例、专业图书期刊都是经典的内容形式。比如华为每完成一项项目就一定要进行总结复盘，并且总结成案例的文字稿放到案例库中，通过这种方式，不断沉淀积累经验，让其他人再来进行参考与学习。
- ✓ 从工作的角度出发，比如在岗培训时提供一本详细的操作手册、标准的工作流程、方案/计划/标准/制度等辅助工具，这些都是学习项目中常见的内容形式。

（2）学习方式

为了完成学习项目，需要以何种学习形式进行学习，以及需要多长时间学习等。

学习形式

经典的学习形式有以下几种，如图2-35所示。

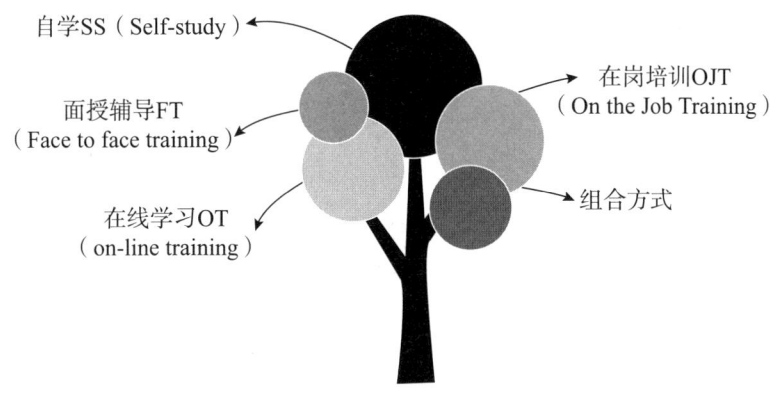

图2-35　学习方式

- ✓ 自学SS（Self-study）：通过阅读专业书籍或刊物等，自行完成学习内容。
- ✓ 在线学习OT（on-line training）：运用E-learning学习系统自学录播课程。随着互联网时代的成熟，越来越多的组织采用在线学习形式进行员工培训。
- ✓ 面授辅导FT（Face to face training）：线下形式的面授辅导或者是参加专业会议听取优秀同事分享经验。
- ✓ 在岗培训OJT（On the Job Training）：也称为"在岗实践"，包括接受一项工作任务、领导一个项目组，以在岗实践的方式实施培训。
- ✓ 组合方式：为了实现更理想的培训效果，根据学习项目的培训目标可以将在线学习、线下面授，以及在岗培训等多种形式组合在一起，可以组合成线下训练营，线上训练营，或者是线上线下相结合的训练营等多种形式。

选择什么样的学习方式取决于学习内容，不同的学习方式效果迥异，要积极运用不同的方式去培训。规划学习形式时可以参考721法则，它是人才培养中的一个黄金法则，即在人才培养中，在岗实践、辅导反馈、理论学习三个环节的比例是7：2：1，该法则是摩根、罗伯特和麦克三人在合著的《构筑生涯发展规划》中正式提出。（如图2-36所示）

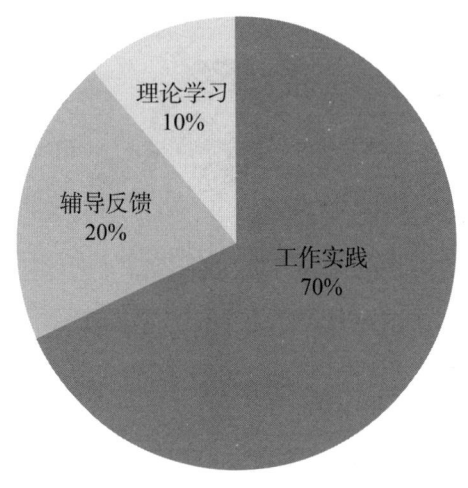

图2-36 人才培养721法则

简而言之，在员工个体能力的发展过程中，对员工的学习成长来说：
- ✓ 10%的效果来自于讲授与自学等常规的理论学习，比如读书、各种面授或在线学习等；
- ✓ 20%的学习成效来自辅导反馈，通常来自与优秀的同事共事，比如上下级的传帮带指导、同级之间的交流与反馈；
- ✓ 70%的学习成效来自于自身的实践，特别是富有挑战性的在岗实践。在人才培养工作中，组织需要依托工作实践，坚持做中学、学中做。通过科学设计、精心安排富有挑战性的工作任务、设计行动学习项目、专项工作授权、有序轮岗等举措，持续激发员工学习动力和进取意识，使其潜在素质尽快转化为显性能力。

学习时长

学习时长是指明需要多长时间的学习。通常采用的教学单位是"学时",指一节课的时间长度,也称为课时。按照正常标准普遍采用45分钟为一课时,也有采用50分钟为一课时的,在培训中根据学习项目的特点以及相应资源制订统一的学习时长即可。

(3) 内容来源

在绘制学习地图阶段需要确定与规划学习内容的来源,先盘点组织内已有的内容资源,研判这些内容是可以直接使用,还是需要改造,或是需要重新开发;然后,规划哪些学习内容是可以从外部采购的。

规划好学习内容的来源有助于培训部门制订培训计划,以便于学习地图的高效落地。

渠道一　内部开发

很多培训内容来自于组织内部,需要内部业务专家提炼萃取,比如企业文化理念、产品知识、关键岗位的操作手册、标准流程、成功失败的案例集等,这些内容来自实际的工作场景,往往是组织立足于市场的技术壁垒,通常由培训部门牵头组织业务专家进行内容开发,也可以聘请第三方机构以咨询或培训的方式辅助进行。

渠道二　外部采购

对于通用的、成熟的培训内容可以通过外部采购的方式获得。从市场上采购符合培训要求的培训内容,或者是在线课程,或者是行业专家的面授课程,或者是线上线下相结合的训练营等。比如:

- ✓ 分层级的管理课程;

- ✓ 金融、证券、银行等从业人员的专业课程，制造业、生产、建筑行业等从业人员的必修课程；
- ✓ 门店店长、产品经理、人力资源、企业内训师的专项课程；
- ✓ 党政建设模块课程；

以上这些课程在市场上有很多成熟的第三方进行开发并经过多家组织的学习验证，外采的培训内容是重要的组成部分。

（4）案例

结合学习内容、学习方式以及内容来源，以某企业（培训经理）岗为例，为该岗位的部分学习项目规划学习资源。（如表2-37所示）

表2-37 某企业（培训经理）岗部分学习项目的学习资源

学习项目	内容纲要	知识类别	内容形式	学习方式	学习时长	内容来源
教学心理学	1.学习者研究 2.知识迁移研究 3.脑科学研究	知识原理	图书	自学	18学时	外部采购
课程开发	**知识** 1.课程设计原理 2.教学设计原理、教学设计方法 3.课程开发常见模型 **技能** 1.根据需求分析，对课程目标与业务部门及培训部门达成一致 2.编写课程大纲与脚本 3.完成课程PPT制作	实操技能	课程	在线学习	18学时	内部开发
调研访谈与需求分析	**知识** 调研方法（BEI、调研问卷、观察法、绩效分析法、头脑风暴法、胜任能力分析法等） **技能** 1.设定培训现状调查与培训需求调查目标	综合技能	操作手册	在岗培训	30学时	内部开发

续表

学习项目	内容纲要	知识类别	内容形式	学习方式	学习时长	内容来源
	2.制订访谈提纲 3.使用BEI等访谈技术进行访谈 4.使用调研问卷进行信息收集 5.编制需求分析报告					
敬业精神	1.增进相互了解 2.激励和发展员工 3.提供多方面支持	能力素质	课程	在线学习	1学时	外部采购
诚信正直	1.遵守规范 2.实事求是 3.言行一致 4.正直廉洁	能力素质	课程	在线学习	1学时	外部采购

第三节　可视化学习地图

截止目前，基本完成了绘制关键岗位学习地图的工作，为了在组织内宣贯与更多的成员同步信息，还需要最后一步学习地图的可视化工作。

1.可视化内容

学习地图可视化的内容

绘制学习地图是一个系统工程，有清晰的流程、路径与每个步骤的关键要点，因此在可视化的结果中不但要将最终结果呈现出来，也需要将流程中的重要环节呈现出来，包括关键岗位的人才发展通道、能力素质模型、工作任务清单，有了这些中间过程文件的记录，才会让最终版的学习地图可溯源，经得起推敲。（如图2-37所示）

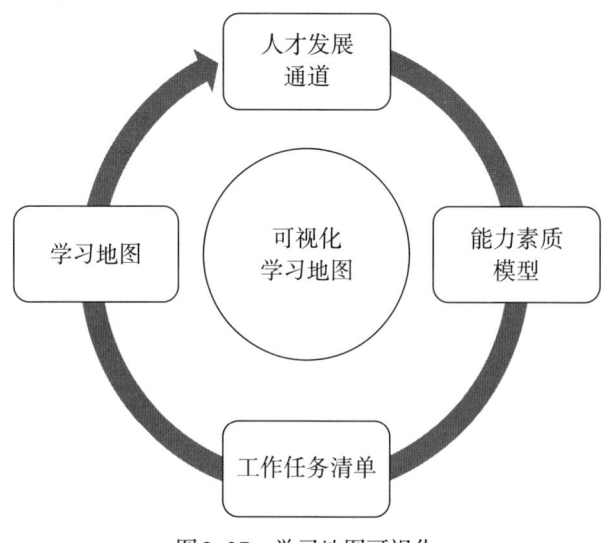

图2-37 学习地图可视化

有关人才发展通道、能力素质模型以及工作任务清单已经在相应章节进行了描述，并且均有可视化的示例，在这里不再赘述，下面围绕学习地图的最终成果物进行描述。

2.可视化形式

学习地图可视化的形式

学习地图的最终成果没有统一的格式，也没有标准的答案，可以是表格、套表、饼图等多种形式的图文进行呈现，也可以由专业美工设计排版，但无论何种形式都需要体现出几方面内容：

- ✓ 作为员工职业发展导航仪，需要提供岗位序列的成长路径；
- ✓ 学习项目及配套资源，尤其是岗位序列的专业知识，因为这个模块的培训内容更多时候是需要自行开发的，要作为重中之重。

根据关键岗位的能力素质模型以及学习项目的资源规划，提供一个学习地图最终成果物的参考模板如表2-38所示。

表2-38 学习地图可视化模板（参照）

知识模块		岗位序列层级								
		基　层							中层	高层
		学习项目	知识类别	内容纲要	内容形式	学习方式	学习时长	内容来源	……	……
知识技能	基本知识									
	专业知识									
能力素质	基本能力									
	专业能力									
	基本管理能力									
	专业管理能力									
	基本素质									
	专业素质									

说明：
1. 知识类别：知识原理、实操技能、综合技能等。
2. 内容形式：课程、案例、图书/期刊、岗位手册、工作流程、工具（标准、方案、计划、制度）等。
3. 学习方式：自学SS（Self-study）、面授辅导FT（Face to face training）、在线学习OT（on-line training）、在岗培训OJT（On the Job Training）、组合方式等。
4. 学习时长：课时（45分钟/50分钟）等。
5. 内容来源：内部开发、外部采购等。

3.案例

案例 （培训管理）岗三个层级的学习地图

以某企业（培训管理）岗位序列为例，该岗位序列的学习地图内容包括：

✓ 人才发展层级有三级，分别是：培训主管、培训经理、培训总监。

✓ 其能力素质模型包括：显性的基本知识、专业知识，以及隐性的基本能力、管理能力、基本素质。

基于人才发展通道和能力素质模型，该岗位的学习地图框架及部分数据如表2-39所示。

表2-39（某企业培训管理岗位序列）学习地图示例

某企业培训岗位序列分级学习地图总图（部分）

岗位说明	培训主管（初级）	培训经理（中级）	培训总监（高级）
基准学历要求	本科	本科	本科
认证周期	入职1年内	入职2～3年	入职3年及以上
学分项目	24	18	12
专业资格认证	主管级专项人才	经理级专项人才	总监级专项人才

主题类型	编号	学习项目	内容纲要	知识类别	内容形式	学习时长	学习方式	内容来源
行业知识	A1-01	教学心理学	1.学习者研究 2.知识迁移研究 3.脑科学研究	知识原理	图书	16	SS	外部采购
……	……	……	……	……	……	……	……	……
企业知识	A2-01	企业文化	1.公平 2.尽责	知识原理	课程	2	……	内部开发
……	……	……	……	……	……	……	……	……
专业知识技能	B1-01	调研访谈与需求分析	专业知识 调研方法（BEI、调问卷、观察法、绩效分析法、头脑风暴法） 关键行为 1.设定培训现状调查与培训需求调查目标 2.制订访谈提纲 3.使用BEI等访谈技术进行访谈 4.使用调研问卷进行信息收集 5.编制需求分析报告 挑战情景 1.需求分析与实际工作结合不紧密 2.需求描述颗粒度粗糙	实操技能	岗位手册	8	OJT	内部开发
	B2-01	设计培训项目	专业知识 1.培训项目设计原理与流程 2.学习地图概念 关键行为 1.提炼学习资源 2.规划学习路径 挑战情景 1.专业知识类别的培训项目与实际工作任务有差距 2.知技能与综合技能不同类型培训总能要描述不精准	实操技能	岗位手册	16	OJT	内部开发
	B3-01	绘制学习地图	专业知识 1.综合技能模型的定义与作用 2.学习地图的定义 3.关键岗位的工作挑战与通难点分析 关键行为 1.规划人才发展通道 2.建立综合技能模型 3.梳理工作任务装练学习项目 挑战情景 1.可视化学习地图 1.让组织了解并认可从而匹配资源 2.辨别学习地图与专家的认业经验	实操技能	课程	2	OJT	内部开发
……	……	……	……	……	……	……	……	……

第二部分 绘制关键岗位学习地图

能力类别		编号	能力项	行为描述	知识类别	形式	课时	学习方式	内容来源	编号	能力项	行为描述	知识类别	形式	课时	学习方式	内容来源	编号	能力项	行为描述	知识类别	形式	课时	学习方式	内容来源
基本能力		C1-01	灵活学习	1.树立快速主动学习意识 2.应用所学知识技能解决工作问题 3.总结经验教训，接受反馈意见 ……	综合技能	课程	1	OT	外部采购	C2-01	分析与解决问题	1.深入了解问题 2.全面分析问题 3.系统解决问题 ……	综合技能	课程	1	OT	外部采购	C3-01	善用资源	1.获取有效资源 2.合理配置资源 3.高效利用资源 ……	综合技能	课程	1	OT	外部采购
管理能力		E1-01	高质量决策	1.识别相关问题 2.搜集多方信息 3.评估可行策略 4.选择解决策方案 5.实施决策计划	综合技能	课程	1	OT	外部采购	E2-01	制度优化	1.强化制度意识和责任感 2.掌握企业行业制度知识 3.分析制度对企业的影响 4.优化完善企业制度	综合技能	课程	1	OT	外部采购	E3-01	建设高效团队	1.建立团队目标 2.明确成员职责 3.促进目标达成 4.构建团队信任	综合技能	课程	1	OT	外部采购
基本素质		F1-01	积极主动	1.采取敏捷行动 2.自主交付预期成果 3.预判干预 ……	综合技能	课程	1	OT	外部采购															

说明：
1. 知识类别：知识原理、实操技能、综合技能。
2. 内容形式：课程、案例、图书/期刊、岗位手册、工作流程、工具（标准、方案、计划、制度）等。
3. 学习方式：自学SS（Self-study）、面授辅导FT（Face to face training）、在线学习OT（on-line training）、在岗培训OJT（On the Job Training）、组合方式等。
4. 学习时长：课时（45分钟/学时）。
5. 内容来源：内部开发、外部采购等。

173

第三部分

关键岗位的组织经验萃取

前两部分围绕能力素质模型与学习地图进行了描述，在实际操作中为员工建立能力素质模型并绘制学习地图时不会遇到太多的困难，但后期是否能落地就存在争议了，因为学习地图中最基本的组成单元是学习项目，学习项目的设计、资源整合、培训实施以及效果评估是一个周期较长的闭环过程。验证学习地图是否能落地的唯一标准就是培训的有效性，绘制学习地图的动作虽然完成了，但是否有效在很长一段时间内是不得而知的。

在这个过程中有一个非常重要的环节就是整合学习资源，通常有两个渠道获得学习资源：

- ✓ 一个渠道是外部采购，通常是向比较成熟的第三方进行采购或者参考标杆组织，在采购或参考时有一个很重要的筛选指标"是否通过市场验证"，外部采购相对比自行开发而言是比较容易获得的；
- ✓ 另一个渠道是内部开发，这部分学习资源的含金量是非常高的，也属于组织立足于市场的技术壁垒，对于承担关键岗位的业务人员是否有精力和能力开发出来就存在挑战了。有效的开发内部学习资源，也是组织内部经验萃取的过程，是学习地图有效落地的重要影响因素。

因此，在完成"聚焦关键岗位"、"建立能力素质模型"与"绘制学习地图"的介绍之后，非常有必要介绍"整合学习资源"阶段如何从"内部"获取学习资源，也就是组织经验萃取的过程。了解组织经验萃取的流程和关键点后会更深刻地体会到为什么在绘制学习地图过程中一定要依据实际的业务场景，以及如何获得场景下的知识点。根据任务场景萃取的优秀经验更接近实际工作，能有效地沉淀组织经验，让企业文化与传承落到实处。（如图3-1所示）

| 绘制关键岗位学习地图 |

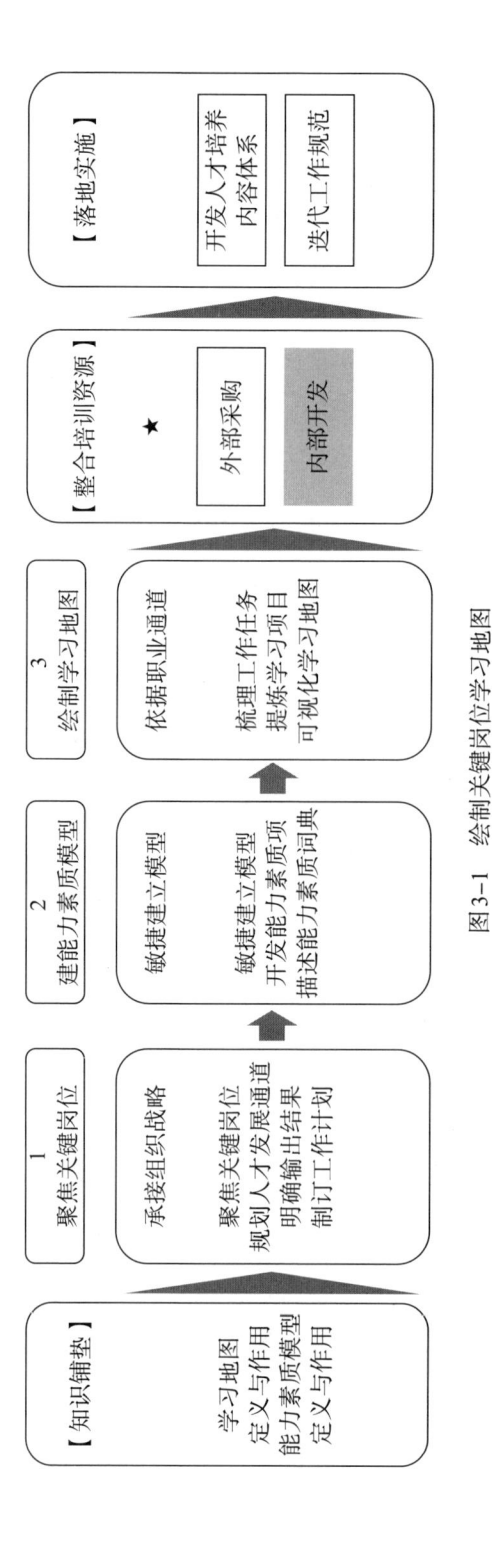

[知识铺垫]
- 学习地图定义与作用
- 能力素质模型定义与作用

1 聚焦关键岗位
- 承接组织战略
- 聚焦关键岗位
- 规划人才发展通道
- 明确输出结果
- 制订工作计划

2 建能力素质模型
- 敏捷建立模型
- 敏捷建立模型
- 开发能力素质项
- 描述能力素质词典

3 绘制学习地图
- 依据职业通道
- 梳理工作任务
- 提炼学习项目
- 可视化学习地图

[整合培训资源]
- ★
- 外部采购
- 内部开发

[落地实施]
- 开发人才培养内容体系
- 迭代工作规范

图 3-1 绘制关键岗位学习地图

什么是组织经验萃取

有一艘货轮的发动机发生了故障，请了很多人来维修，可不但没能修好，而且连问题都没找到。后来船主不得不花重金请来一位经验丰富的老机械师，这位专家诊断的方式也很特别，他并没有检查复杂的发动机设备，而是用耳朵仔细倾听发动机的制动声音，很快就判断出故障所在的具体位置。不明事理的人会奇怪，为什么只是"听一听"就能判断出问题所在。外行看热闹，内行看门道。这些人只看到了结果，却不知道专家是怎么做到的。这就是牛人的经验，是在长期实践中总结的知识和技能，这也是老机械师成为行业专家的原因。

所谓三百六十行，行行出状元，在每个领域都有精英骨干，他们在各自的工作领域都有着非常精湛的技术或手艺。在职场上，经验的多少是衡量员工价值的重要指标之一，这些经验是非常有必要保留下来进行内部复制的。在工作中，依托工作任务把各条业务线上专家的宝贵经验萃取留存下来，再通过组织的培训与学习把优秀的知识传承下去，这就是为什么要将骨干精英、牛人专家、业务大咖们的工作经验进行萃取的根本原因。

还有一个更重要的原因，一个组织之所以在激烈的市场竞争中立足并发展，往往是因为拥有某些技术及经验上的壁垒，这些技术壁垒向外是求不来的，只有依靠组织自身的力量从内部进行挖掘整理，包括挖掘牛人的显性知识和隐形知识。因此，掌握萃取优秀工作经验的路径、方法及配套工具的重要性就不言而喻了。

组织经验萃取什么内容

既然是为了保障培训的有效性，因此组织经验萃取的内容一定是为学习地图服务的，特别是企业中的关键岗位序列。通过本书前两个部分的内容介绍，我们了解了能力素质模型包括两个模块的知识内容，一个是显性的知识技能模块，另一个是隐性的能力素质模块。一个人的意愿度和综合能力是隐藏并且不容易显露出来的，需要长时间影响和培养才能够改变，因此在萃取组织经验时首先要将注意力集中在显性的知识和技能上。这些经验往往是围绕工作任务展开的，也就是说为了完成工作需要了解哪些知识、掌握哪些技能。这些知识和技能通过学习、模仿和演练即可掌握，并能带来行为改善，及时解决当下难题，提升工作绩效。

支撑工作行为所需要了解的知识，包括基本知识与专业知识。其中：

✓ 基本知识来源于行业与企业，包含需要了解整个行业的基本知识和企业生产经营过程中的基本知识；

✓ 专业知识来源于与工作任务紧密相关的岗位序列，为了完成工作所需要掌握的陈述性知识与程序性知识。

知识，特别是专业知识，是组织经验萃取内容的重中之重。（如图3-2所示）

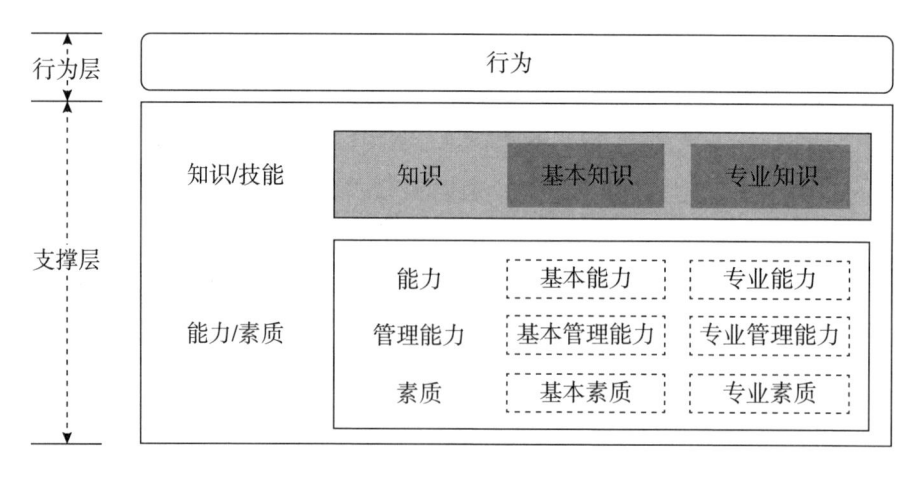

图3-2 参照关键岗位敏捷能力素质模型萃取组织经验

组织经验萃取的流程

业务专家完成工作任务的优秀经验是什么？如何将业务专家的显性经

验标准化呈现？如何将岗位牛人的隐形经验发掘出来并且显性化？

为了更有效地获取关键岗位专家们的工作经验，接下来，重点介绍组织经验萃取的五化模型：**任务化梳理、场景化重现、细节化挖掘、工具化输出以及专业化审核。**（如图3-3所示）

图3-3　组织经验萃取五化模型

第一章 任务化梳理

萃取组织经验的第一步就是梳理工作任务,在"绘制关键岗位学习地图"章节已经介绍了梳理工作任务的基本路径、方法及步骤。如图3-4所示。

组织经验萃取五化模型

任务化梳理 → 场景化重现 → 细节化挖掘 → 工具化输出 → 专业化审核

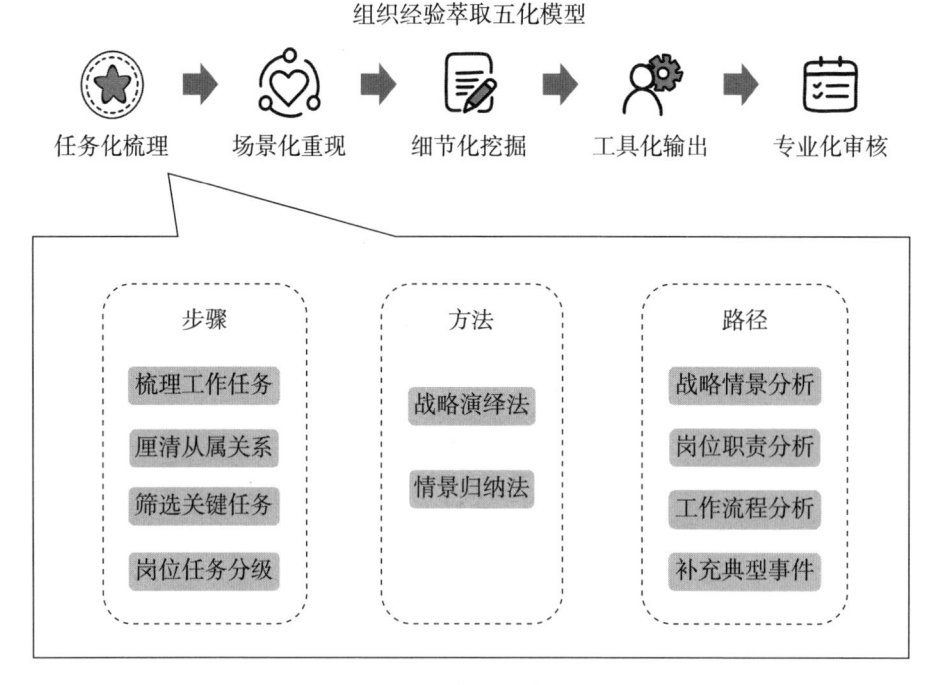

步骤	方法	路径
梳理工作任务	战略演绎法	战略情景分析
厘清从属关系	情景归纳法	岗位职责分析
筛选关键任务		工作流程分析
岗位任务分级		补充典型事件

图3-4 任务化梳理

- ✓ 基本路径:包括战略情景分析、岗位职责分析、工作流程分析以及补充典型事件等基本路径。
- ✓ 基本方法:自上而下战略演绎和自下而上行为归纳等基本方法。

- ✓ 工作步骤：大致分为四步，梳理工作任务、厘清任务从属关系、筛选关键任务、岗位任务分级等步骤。

有关梳理工作任务的话题在这里就不再赘述展开了。

为了缩短学与用之间的距离，在绘制学习地图时需要梳理工作任务，但任务的描述是借助工作场景呈现的，只有带有时间、地点、人物、问题冲突的画面才能借用人类大脑的形象脑进行理解与记忆，再接下来一节介绍如何呈现任务下的工作场景。

第二章　场景化重现

为什么要重现工作场景

已经了解了人脑的基本结构以及"视觉脑"的左右脑，其中左脑又称作"逻辑脑"，处理抽象的逻辑、语言、文字等更加理性的信息；右脑又称为"形象脑"，处理画面、情感、音乐等感性信息。左右脑一起配合后的存储速度会比只利用左脑记忆的存储速度提升5～10倍，因此在进行培训时需要多借用右脑形象脑。（如图3-5所示）

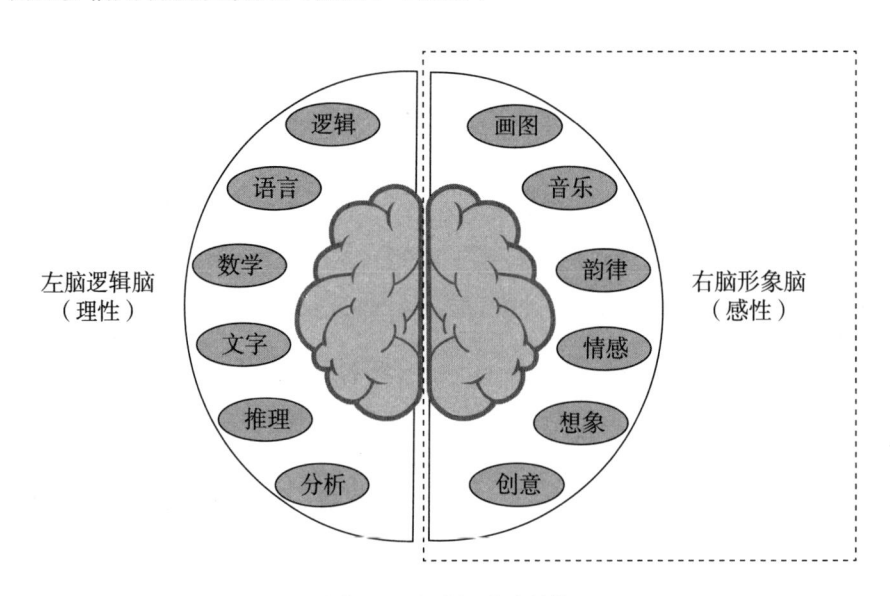

图3-5　人脑视觉脑结构

场景是"特定时间、特定地点、特定人物、特定事件构成的一个画面"。场景是地点、时机、对象、动作的组合，只要一个变量改变，场景就会不同。

对工作职责和工作任务的描述是比较抽象的，如果把这些因素在场景中体现出来，就有画面感了，它让员工感受到真实的工作情景。无论是萃取专家的优秀经验，还是复制给新员工进行培训，有了场景的加持会大大提升知识的传播效率。

接下来分享"处理客户投诉"这个经典的工作任务，在很多行业中这都是高频出现而且是需要被培训的工作任务。

为了对比有场景和没有场景的效果区别，用一组案例进行对比描述，先在没有场景下进行该任务的经验萃取。

在传统的培训中，课程的知识结构既包括投诉的定义与原则，又介绍了处理投诉的步骤，貌似很完美，并且能应用到很多行业及岗位上。但问题是很多员工学习了这门课程后，在实际工作中还是做不好，这是为什么呢？因为传统课程的开发内容大多都包括定义、原则及步骤等很多内容，但是回答核心问题"处理客户投诉"只是作为一个二级知识点出现，讲不透彻是如何实现的，并且客户投诉的时间、地点、原因都不相同，因此不能有效地解决各个岗位实际的工作困难。

客户投诉处理"无场景"

1. 什么是投诉
2. 处理投诉的原则
3. 处理投诉的步骤
    - 步骤一　记录客户投诉
    - 步骤二　分析客户投诉原因
    - 步骤三　处理客户投诉
    - 步骤四　出具客户投诉报告单
    - 步骤五　客户投诉追踪

HR小美

接着，对比一组有场景的案例，第一个工作场景是某物业公司业主投诉小区内遛狗不栓绳的不文明养犬行为；第二个场景是一家畜集团的客户投诉购买了100只种羊在一星期内死亡30只的情况。虽然都是处理投诉，但这两个工作场景是不同的，因此完成工作任务的关键行为也不一样。

- ✓ 物业公司需要判断业主的投诉是否成立，然后再确定由哪个部门进行投诉的处理，责任部门分析投诉原因并且提出公平合理的处理方案。
- ✓ 畜牧集团需要及时将病死的种羊进行化验，才能执行后续的动作。

客户投诉处理"有场景"

场景一：物业公司处理客户投诉——不文明养犬行为
1. 记录投诉内容
2. 判断投诉是否成立
3. 确定投诉处理责任部门
4. 责任部门分析投诉原因
5. 公平提出处理方案
6. 客户投诉追踪

场景二：牧业公司处理客户投诉——羊死亡
1. 接种羊时记录数据
2. 三种情形送化验室检测
3. 向客户汇报种羊死亡原因
4. 对客诉进行积极妥善处理
5. 客户投诉追踪

从这组案例中不难看出，因为重现了详细的工作场景，在此基础上提炼萃取的工作经验更有针对性，总结的知识技能在工作场景下也更容易被理解及应用。

依托工作场景萃取岗位的工作经验，得到的经验是具体的，更有针对性的，因此更容易落地与复制和传播，让更多人学习到优秀的经验也更有助于企业文化的传承。

重现场景的作用

重现工作场景有以下作用：
- ✓ 内容更具体。围绕场景的经验萃取在描述时是详细的、具体的、可操作的。
- ✓ 学习更容易。无论是知识分享人还是学习者面对的是共同的工作场景，问题的描述更聚焦，萃取的知识也更有针对性，降低了学习者理解与学习的难度。
- ✓ 培训更落地。依据工作场景萃取组织经验，在工作任务中场景有先后顺序或主次之分，有了场景为依托设计的学习项目才更接近实际工作。

工作任务的"场景化"，意味着真实地还原了员工在实际工作中所面临的情景和挑战，解决了学习场景与应用场景脱节的问题，让学习者真正地学以致用，大大缩短了"学"与"用"之间的距离，将知识、能力、素质等碎片化知识，在工作场景中系统的呈现出来。

工作任务与场景的关系

萃取优秀的工作经验虽然落地到岗位的工作任务上，但更体现在具体的工作场景中，那么任务与场景是什么关系呢？是一对一的关系吗？其实，任务与场景可以是一对一的关系，也可以是一对多的关系。

✓ 一对一的关系

例如畜牧集团处理客户投诉种羊死亡事件中，就是一个任务只包含了一个场景，处理好客户投诉的场景也就完成了工作任务。成功与否直接影响到组织效益与客户的信誉度，重现这个场景后，就更能有针对性地提炼萃取优秀的工作经验了。

> **任务与场景一对一**
>
> 【工作任务】处理客户投诉
> 【工作场景】畜牧集团客服人员处理种羊死亡事件
>
> 工作任务　　处理客户投诉
>
> 工作场景　　客服处理客户投诉种羊死亡事件

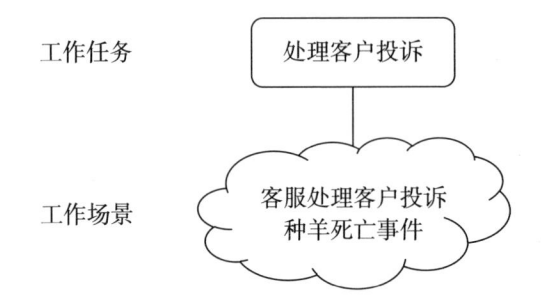

✓ 一对多的关系

除了一对一的关系，任务与场景之间还有很多是一对多的关系。比如4S店初级售后服务岗位的标准服务流程中有一项任务是"预约客户"，从客户的角度出发包含了两个工作场景，一个场景是"主动预约"，是客户主动打电话到汽车4S店进行汽车维护保养的预约。还有一个场景是"被动预约"，也就是客服人员通过客户以往维修记录留下的联系方式进行电话咨询，询问客户是否需要预约汽车保养，在这个任务中就包含了两个工作场景。

再比如，很多公司都有前台岗位，在日常接待任务中，他们会面临多个不同的工作场景：场景一，接待引领面试人员；场景二，接待领导检查指导工作；场景三，接待团体参观场景。在这个任务中经过对工作场景的细分，针对不同人群接待的关键动作与注意事项是不同的，将一个任务拆分成多个工作场景进行经验的萃取可以让知识更具体。

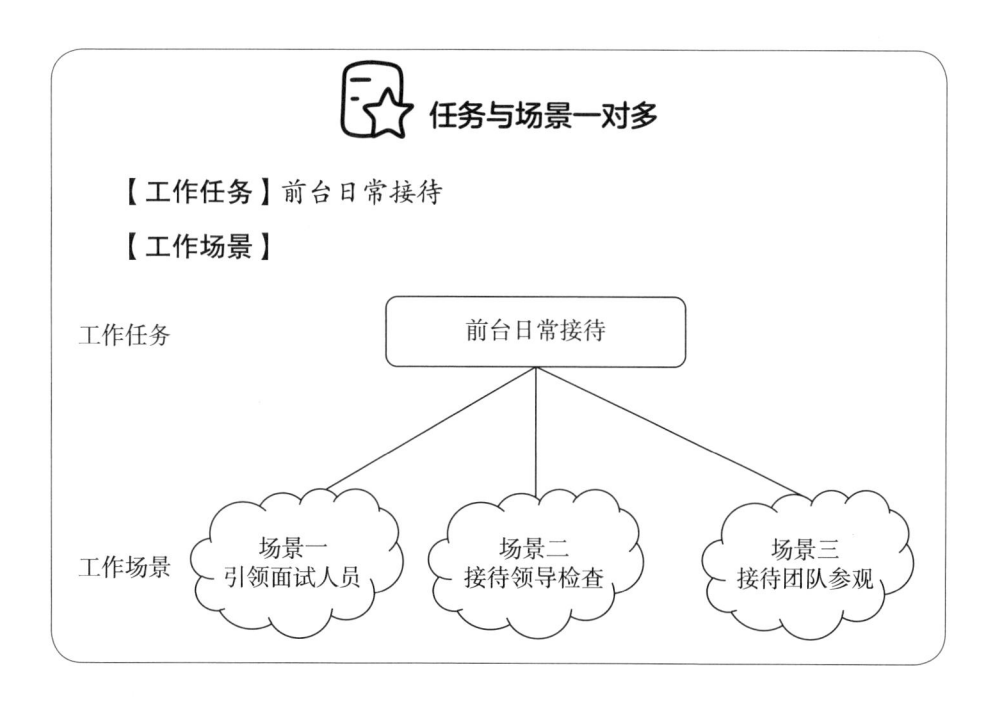

任务与场景一对多

【工作任务】前台日常接待

【工作场景】

工作任务　　　前台日常接待

工作场景　　场景一　　　场景二　　　场景三
　　　　　　引领面试人员　接待领导检查　接待团队参观

场景的描述

在场景进行命名时建议使用短小精悍的标题，理想的命名可以体现三个要素，分别是：

- ✓ 什么环境：完成任务需要的工作环境与特殊背景。
- ✓ 什么人：在这个任务中需要哪些人参与到工作场景中。
- ✓ 做什么事情：在任务中解决了什么问题、做了哪些事情、完成了怎么的任务目标。

通过以上要素的描述，可以让读者迅速了解工作任务的具体情况，例如："在电梯里汇报工作""挽留要去竞争对手公司的离职人员""在展厅接待首次来店的新客户"。

以上介绍了工作任务与场景的关系、场景的作用，以及场景的命名，接下来在这一节中重点介绍如何寻找工作任务中的场景。有两个经典的方法，分别是依据流程重现场景和寻找任务中的要素重现场景。（如图3-6所示）

组织经验萃取五化模型

任务化梳理 → 场景化重现 → 细节化挖掘 → 工具化输出 → 专业化审核

依据流程重现场景　　寻找要素重现场景

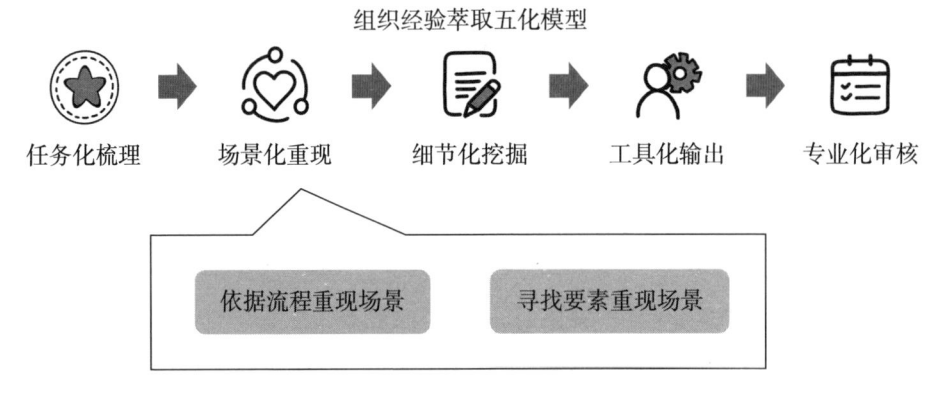

图3-6　场景化重现

第一节　依据流程重现场景

很多工作场景隐藏在流程中，按照时间的先后顺序梳理任务的工作流程就可以依次重现相应的场景。比如在餐饮行业中，服务员接待客户的服务流程是迎接客人进门、带领他们到餐桌的位子上、拉出椅子让座、斟上茶水等环节，随着接待的进行，场景就依次呈现出来了。在依据流程重现场景时，常会用到的词汇有"首先、其次、再次""第一、第二、第三""过去、现在、将来"等，一旦有类似的表述，就是明显的信号了。

案例　依据流程重现工作场景

分享一个依据流程重现工作场景的案例，在购买商品房时，小区的绿化环境是客户考虑购房的重要因素之一，建筑施工方如何在短时间内，让高大的树木在一两个月内迅速"成长"起来呢？其实这些枝繁叶茂的树都是施工人员从树木苗圃园移栽过来的，移栽过程中有时间的先后顺序，依据移栽流程可以找到多个工作场景。

> **重现场景：依据流程**

【工作任务】建筑施工人员"移栽苗木"

【工作场景】四个工作场景，分别是改良土壤、起苗、运输、移植

工作场景	工作描述
场景一 提前改造良好的土壤环境	在移栽前需要考虑目标土壤的环境是否适合苗木的生长，是否需要提前清理场地的垃圾，是否需要浇水、施肥等。
场景二 选择健康的苗木进行起苗	在起苗的时候要找身体健康的苗木，生长良好、没有病虫害的苗木才更容易存活下来。
场景三 运输苗木过程中温柔呵护	为了保障成活率，在苗木运输过程中，有很多的小细节需要注意，比如在接触苗木的地方用软的物质垫上一层，以免造成树皮的破损。
场景四 移植苗木时谨慎小心	为了将高大的苗木平安的移植到新的"家"，也有很多细节需要考虑，比如需要提前把树穴挖大一些、深一些。

在这个案例中，"移栽苗木"是施工人员的一个工作任务，根据移栽流程依次实施了四个步骤，每一个步骤都对应着一个独立的工作场景，任务与场景之间是一对多的关系。重现过程中细分了四个工作场景，更容易挖掘出任务中的操作细节。任务是抽象的甚至是复杂的，但将一个任务切分成多个场景，在每个场景下萃取知识就容易实现了。

第二节　寻找要素重现场景

除了依据工作流程之外，还可以寻找完成任务的不同对象、不同途径、不同活动以及不同条件等多个维度去重现工作场景。

接下来就分别介绍如何通过不同的对象、途径、活动、条件等要素重现工作场景。

1.对象

对象是指完成任务需要参与的人或物，是指根据不同的对象重现工作场景。

比如在进行汽车销售时，优秀的销售顾问会根据客户的身份及职业等特性，针对不同的用户对象提供不同的销售话术，进而展示产品的特点。例如，在面对商务人士的时候会重点介绍汽车的商务性能，面对宝妈接送孩子时更需要体现汽车的安全、易操作等特点，对象不同销售话术也不相同。

分享一个案例，物业公司经常遇到"客户投诉"。有经验的物业管家在面对抱怨甚至是投诉时会快速识别出不同类别的客户，根据不同的对象进行及时有效的沟通，这些行为对改善物业的满意度起到了积极的作用。

重现场景：寻找"人"

【工作任务】物业管家"识别关键客户"

【工作场景】物业管家识别三种不同类型的客户

工作场景	工作描述
场景一 识别舆论风向标型客户	如果客户身上有一些特征：社团的活跃用户、圈子的活跃用户、QQ群/微信群/论坛群的群主，那么这类客户一定是关键客户了，因为他们是小区业主群里的舆论风向标，他们的观点和言论更容易影响其他人。
场景二 识别热心业主型客户	如果客户有以下特征：经常对社区提出意见并且会积极给与改进建议、关注物业活动、热衷公益事业、热心参与社区议事。这类客户也是关键客户，他们是热心业主类型。

续表

工作场景	工作描述
场景三 识别信息丰富者型客户	如果是在水电气、城建部门等单位工作的业主,他们所从事的工作属于公共事业,和社区工作息息相关,如果遇到停水、停电、扰民相关的事情,有这类客户的支持,能及时了解事情的动态信息,就能更好地为业主们服务。所以这类客户也是关键客户,是信息丰富者。

再分享一个企业HR招聘面试的案例。在HR进行招聘面试过程中,有经验的面试官会通过候选人的各种仪容仪表识别候选人是否匹配岗位的工作职责。在这个过程中从性别的维度会有两种面试对象,分别是男性候选人和女性候选人,面试官会根据不同性别的对象观察他们的痕迹细节。

重现场景:寻找"人"

【工作任务】HR"面试候选人"

【工作场景】HR在面试过程中会通过不同性别的痕迹识别候选人行为是否匹配岗位

工作场景	工作描述
场景一 面试女性候选人	在面试过程中,通过女性穿着朴素还是华丽、传统还是流行等衣着痕迹,喜欢穿高跟鞋还是平底鞋等穿衣习惯,喜欢利落的短发还是大波浪长发等头发痕迹识别候选人的性格特征。
场景二 面试男性候选人	在面试中,通过男性穿西装还是休闲装的衣着痕迹,是否会卷袖口等穿着细节,喜欢穿正统黑皮鞋还是休闲鞋的穿鞋习惯等等各种痕迹识别候选人是否匹配岗位的能力要求。

从对象的维度重现场景,除了"人"还有可能是"物",接下来分享一个有关"物"的案例。在航海过程中,时有海难事故发生,特别是船舶之间

发生碰撞，造成人员伤亡、财产损失的后果非常严重。在船舶碰撞事故中通常会涉及两类船只，一类是体积较大的商船，另一类是体积较小的渔船，一旦造成人员伤亡，受伤的往往是小渔船上出海打鱼的渔民。其实，航海规则就像交通规则，各行其道的行驶规则会降低事故的发生率，为了避免海上航行事故，海事局管理部门有一个非常重要的工作任务，需要针对渔船和商船分别制定不同的航海规则，让船只"各行海道"。

重现场景：寻找"物"

【工作任务】海事局管理部门"制定航海规则"

【工作场景】为两种不同类型的船只制定航海规则

工作场景	工作描述
场景一 为渔船制定规则	为小渔船制订航海规则：避免不熟悉航海规则、行驶船只时没有人瞭望，甚至抢越商船的船头，仅凭经验航行的小型渔船驾驶员。
场景二 为商船制定规则	为商船制定航海规则：针对没有采用安全航速、没有对周围环境做出充分准确的判断，甚至疲劳驾驶等情况的大型商船驾驶员。

2.途径

途径是指完成任务需要从不同的地点、场所、渠道出发来考虑的维度，从不同的渠道重现工作场景。

比如汽车4S店售后服务过程中，从服务顾问的角度出发有两种预约的途径，一种是客户主动打电话预约汽车维修的场景，另一种是客户不预约直接上门进行维修的场景。再比如职场人士需要掌握一些基本的沟通技巧，从沟通途径上分为与上级沟通、与下属沟通、与同事沟通、与客户沟通，面对不同的沟通途径，沟通技巧和话术也会不同。

再分享一个案例，有关汽车主机厂经销商4S店销售顾问岗"开发潜在客户"这个工作任务的场景。为了提升营销网点的业绩，在汽车销售过程中，对已经发生了购买行为的客户进行有效的维护，这些客户的售后维修、保养甚至是转介绍新的客户都是提升业绩的关键点。除了这些，还需要开发新的客户，这些新客户被称为"潜在客户"。那么在"开发潜在客户"这个工作任务中，都有哪些途径的场景呢？

重现场景：寻找"途径"

【工作任务】汽车4S店销售顾问"开发潜在客户"工作任务
【工作场景】根据潜在客户渠道不同，找到多个场景

	工作场景	工作描述
走进来	开发来店客户资源	有些客户会直接来店进入展厅进行咨询，对于这些客户需要及时有效的服务，除了讲解相应产品之外，还需要主动邀请他们参加试乘试驾的活动。这些客户数量不一定很多，但是他们是潜在客户的重要来源。
	开发电话预约客户资源	有些客户是通过朋友介绍，或者广告推广、宣传活动等渠道获知汽车4S店的电话，他们会进行电话咨询甚至预约上门，这些客户也是潜在客户的重要来源。
走出去	参加车展拓展潜在客户	除了主动来店拜访或者来电话咨询的潜在客户外，还需要销售顾问走出去挖掘更多的潜在客户资源。比如去参加各种组织及机构的车展活动、主动参加相关的新闻发布会寻找潜在的合作机会、关注招标采购等渠道，都有可能直接获得潜在客户资源，或者为获取潜在客户资源打下基础。
	参加新闻发布会拓展潜在客户	
	通过招标采购拓展潜在客户	

再分享一个案例，在一家大型畜牧集团有多个品种的生产序列，比如

养牛场、养猪场、养鸡场等，今天这个案例发生在大型养鸡场，在饲养过程中如果发生易传播的鸡瘟会造成重大的经济损失，所以在日常饲养过程中对鸡场进行消毒就非常重要了，可以根据鸡场的消毒渠道寻找不同的工作场景。

重现场景：寻找"途径"

【工作任务】畜牧集团饲养员"鸡场消毒"

【工作场景】对人员进行消毒场景、对环境进行消毒场景、对鸡舍进行消毒场景

工作场景	工作描述
场景一 人员消毒	首先确保饲养人员及相关业务人员例如防疫队员的消毒措施。比如进入鸡场时设立专门的消毒通道，在生产区设有消毒池等设施等。
场景二 环境消毒	对办公室、食堂、宿舍等生活区，以及鸡舍等工作区定期消毒，保障相应环境的防疫安全。
场景三 鸡舍消毒	对鸡舍消毒以及配套设备，比如饮水器具等进行消毒，保障鸡舍的防疫安全。

为了保障全方面的防疫，在实际工作中会涉及很多种渠道进行消毒，在这个案例中只展示了一部分内容作为示例。

再来分享一个HR招聘面试的案例。企业的人力资源HR在招聘新员工时，需要提前筛选候选人简历，有两个典型的候选人渠道，分别是"社会应聘候选人"与"校园招聘候选人"，招聘渠道不同，筛选简历的侧重点也不同。

重现场景：寻找"路径"

【工作任务】企业人力资源HR"筛选简历"

【工作场景】"筛选社会应聘候选人简历"与"筛选校园招聘候选人简历"两个场景

工作场景	工作描述
场景一 筛选社会应聘候选人简历	在筛选社会招聘渠道的候选人简历时需要考虑的因素有：工作时间、工作内容的相关性、岗位职责的匹配度，以及离职原因等。提前识别社会应聘候选人的信息，筛选出更合适的人才。
场景二 筛选校园应聘候选人简历	在筛选校园招聘渠道的候选人简历时需要考虑的因素有：教育背景、社会实践、获奖能力，以及在校成绩等。这些信息对甄别一名刚毕业的院校学生是非常有效的。

3. 活动

在完成工作中做哪些事情，发生了哪些活动，梳理在工作任务中完成的活动也是场景重现的一个重要维度。

分享一个乳业集团的生产案例，这家企业在牛奶生产基地饲养了很多奶牛用来生产牛奶，后期再加工成各种奶制品销往国内外。在饲养奶牛过程中，特别是夏天，奶牛养殖人员会遇到一个棘手的问题，由于天气炎热奶牛产奶量会明显降低甚至不再产奶，所以这个时候如何让奶牛正常产奶就是一个关键的工作任务了。

> **重现场景：寻找"活动"**
>
> 【工作任务】饲养员"预防奶牛热应激"
> 【工作场景】在夏季预防奶牛热应激行为的多个场景

工作场景	工作描述
场景一　保障多饮水	在夏季要保障奶牛多喝水，除了正常生活需要饮水，由于天气炎热出汗，还要保障奶牛正常产奶，所以需要饮用更多的水。
场景二　改善畜舍环境	为了缓解炎热的天气，需要改善奶牛生活区的设备、设施对付炎热的天气。
场景三　提供营养饲料	为了让奶牛有胃口、吃得开心，可以在饲料中添加各种微量元素，为奶牛提供更多有营养的饲料。

为了预防奶牛在夏季的热应激行为，有经验的饲养员会采取多种改善措施，在这个案例中分享了其中的三种活动。

接下来再分享一个生产车间的案例，很多组织都有产品的生产线或生产车间，结束每一天的工作后对工作场所进行整理，以保障第二天工作的正常进行，所以生产一线员工需要做的一个日常任务就是"班后整顿工作环境"。

重现场景：寻找"活动"

【工作任务】某生产车间"班后整顿工作环境"

【工作场景】生产一线员工在下班后整顿工作环境的多个场景

工作场景	工作描述
场景一　切断电源	结束一天的工作后，在离开车间时需要切断全部电源。
场景二　工具归位	为了正常开展第二天的工作，所有设备比如各种工具、安全帽、工具车等进行归位或者定置摆放，确保在各自的位置。
场景三　保养设备	对生产设备设施的清洁、保养，以保障下次正常运行。
场景四　打扫卫生	对生产环境进行清洁打扫，确保有一个干净、整洁的工作环境。

在这个案例中，为了确保第二天工作的正常开展，在当天结束生产任

务后还需要完成多项整顿活动，根据不同的活动找到相应的工作场景。

再来分享一个HR招聘面试的案例。在面试中，除了面谈交流外，为了能全方位的评价候选人，有经验的面试官会观察候选人的妆容细节、听候选人的声音以及看候选人写字等多种不同的活动，来辅助面试工作的顺利进行。

重现场景：寻找"活动"

【工作任务】企业人力资源HR"面试候选人"

【工作场景】观察候选人仪容仪表、听候选人声音、看候选人写字

工作场景	工作描述
场景一 观察候选人仪容仪表	通过观察候选人的仪容仪表辅助面试工作。衣着、鞋子等仪容仪表不仅是一个人的脸面，更是人心理上自我形象的一部分。不仅能够反映一个人的情绪，更能够反映一个人的综合素质。
场景二 听候选人声音	通过声音识别获得候选人的真实信息。语速快的人思维敏捷，语速平缓的人，周全细致。
场景三 看候选人写字	看候选人写字。在面试中经常会让候选人填写一些表格，这时候就可以观察他写字的速度、字体风格、字体形状、字体大小等细节。字如其人，从字迹识别求职者的性格特点。

4.条件

在完成工作过程中，需要哪些必备的条件、什么样的工作环境才能完成，从条件要素出发重现工作场景。

接下来的这个案例发生在建筑施工现场，施工人员经常会处于高空、狭窄空间等特殊环境下作业，相应的防护措施对于工人的安全就是最基本的保护，建筑公司施工人员是如何进行防护的呢？

> **重现场景：寻找"条件"**

【工作任务】建筑公司施工人员"安全防护"

【工作场景】建筑施工人员防止高空坠物和防止高空坠落等多个场景

工作场景	工作描述
场景一 防止高空坠物佩戴安全帽	当有重物从高空坠落下来时，坚固结实的施工安全帽能对工作人员做到最基本的防护。
场景二 防止高空坠落安装安全网	当在较高地方施工时，安全网能防止建筑材料或者施工人员从较高的地方坠落，也能避免掉落物品对楼下的人员可能造成的伤害，从而保护路过的行人。
场景三 防止高空坠落佩戴安全带	当工作人员进行高空作业时，如果出现坠落意外发生，安全带在建筑施工中起到至关重要的作用，它能有效地防止作业人员出现的坠落，从而保护作业人员的生命安全。

在这个案例中采取的安全措施是根据不同的工作环境决定的，环境不同，防护措施也不相同，根据"工作条件"重现了三个不同的工作场景。

接下来分享的这个案例是有关航空发动机的研发任务，在我国航空航天事业中，航空发动机的研制与生产是非常重要的技术壁垒。在研发飞机发动机时，有一项工作任务就是改进发动机的内部结构，以预防不同飞行环境下对发动机造成的伤害。

> **重现场景：寻找"条件"**

【工作任务】研发人员研制发动机工作原理

【工作场景】不同飞行条件的场景下设计发动机的内部结构

工作场景	工作描述
场景一　在沙漠中飞行	当飞行在沙漠中时,发动机很容易吸入沙尘,设计如何防护?
场景二　飞行中撞上小鸟	当在飞行中不慎将小鸟卷入发动机,设计如何防护?
场景三　飞行中下起大雨	在执行飞行任务时,突然下起了大雨,进入发动机的雨水怎么处理?

在这个案例中,飞机飞行过程中会遇到多种不同的飞行条件,有一些场景会对发动机造成不同的伤害,需要工程师根据不同场景设计发动机结构以保障正常飞行。

以上分享了重现场景的四种要素,特别需要提醒的是要注意场景"要素"的有效性。

点破误区

误区:注意场景"要素"的有效性

在寻找要素重现场景时,并不是所有要素都是有意义的、有效的。例如在梳理初级售后服务岗位的标准服务流程中有一项任务是"预约客户",包含了两个工作场景,分别是:

- ✓ 场景一　客户被动预约场景:根据客户维修记录进行电话咨询是否需要预约汽车保养。
- ✓ 场景二　客户主动预约场景:客户主动电话汽车4S店预约汽车维护保养。

虽然在这个任务中根据"渠道"找到了两个工作场景,但不管是哪种形式的预约,都是相同话术和标准服务流程,均是统一对待的,所以按照"渠道"要素重现场景就没有意义了。

> 再比如，为VIP级客户提供服务和为普通客户提供服务，如果这两种服务的工作流程、服务技巧、注意事项没有差别，那么重现这两个场景也是没有意义的。

以上分享了场景重现的两种经典方法，分别是"依据流程"重现工作场景和"寻找要素"重现工作场景，其中寻找要素法中又介绍了四种典型的要素维度，分别是对象、渠道、活动和条件，最后分享几个温馨提示。

☕ 温馨提示

提示一　场景是被借助的工具，不是成果

萃取工作经验是依托任务通过场景深挖知识技能的过程，场景是被借助的工具，因为有了场景更容易进行任务的经验萃取，也更容易进行后续的学习。在萃取工作经验过程中，起点是工作任务，终点是找到任务中所需要的知识技能，场景在萃取过程中是被借助的工具，是中间过程，不是萃取的输出成果。

提示二　场景要素数量不多于7个

一个任务对应一个到多个工作场景，那么一个任务最多包含多少个场景呢？在《开发一门场景化课程》一书中提到过7±2法则，一般人的短时记忆容量约为7个加减2个，即5～9个，所以无论是依据流程还是寻找要素，建议不超过7个场景。如果一个任务过于复杂，那么需要考虑是否需要将任务拆分成多个子任务，然后在子任务下重现工作场景。

第三章 细节化挖掘

在上一章节了解了场景的作用与意义，有了具体的场景为依托，再接下来就可以深挖场景下的工作细节了，也就是提炼萃取完成任务场景所需要的知识和技能，从绩优员工身上挖掘他们的工作经验。

在工作场景下萃取组织经验，特别是业务专家经过多年积累的工作经验，希望直接获得绩优员工的技能要领、独门绝技、最精炼的干货内容，比如场景中遇到什么问题，为解决这个问题需要做哪些"关键行为"，需要具备怎样的"专业知识"，以及在这个场景下新手小白会遇到怎样的"挑战情景"，该如何处理。另外从学习者的角度来说，他们更希望获得完成工作任务所需的清单、模板、话术等配套工具，这样就可以强有力的支持工作了。

为了解决场景中的实际问题，需要萃取的组织经验具体包括，如图3-7所示。

组织经验萃取五化模型

任务化梳理 → 场景化重现 → 细节化挖掘 → 工具化输出 → 专业化审核

专业知识　关键行为　挑战情景　辅助工具

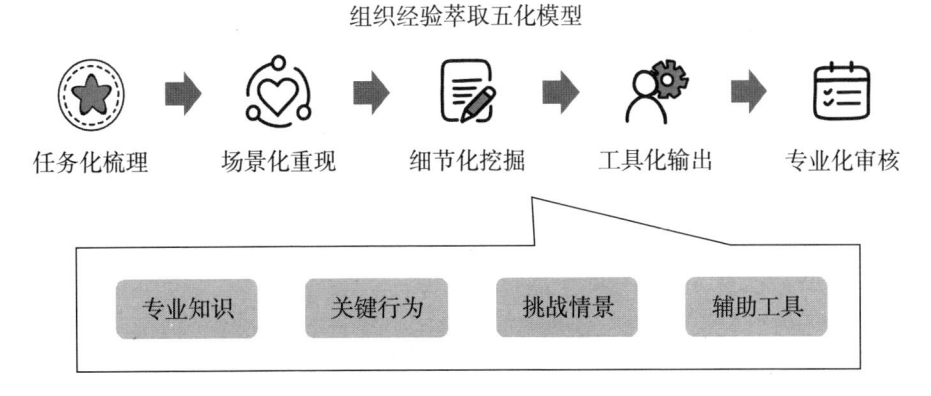

图3-7　细节化挖掘

- ✓ 专业知识：完成任务需要了解的原理性知识，比如定义、原理、特征等。
- ✓ 关键行为：完成任务所做的重要决定、采取的必须行为动作。
- ✓ 挑战情景：新人经常遇到的困难、突发事件的应对措施。
- ✓ 配套工具：完成任务所需要的清单、模板、话术等。

为了将挖掘萃取出来的知识技能完整系统的保留下来，用一个工具表单进行记录，在这个工具表单中对以下信息进行记录，如表3-1所示。

表3-1 组织经验萃取参考工具

组织经验萃取工具清单					
工作任务	工作场景	知识项			
^^	^^	专业知识	关键行为	挑战情景	配套工具
任务TA1	场景SC-1-1	专业知识K1	关键行为B1	挑战情景C1	工具T1
^^	^^	专业知识K2	关键行为B2	挑战情景C2	工具T2
^^	场景SC-1-2	……	……	……	……
^^	场景SC-1-N	……	……	……	……
任务TA2	场景SC-2-1	专业知识K3	关键行为B3	挑战情景C3	工具T3
^^	^^	专业知识K4	关键行为B4	挑战情景C4	工具T4
^^	场景SC-2-2	……	……	……	……
^^	场景SC-2-N	……	……	……	……
任务TAn	……	……	……	……	……

说明：
任务Task（缩写TA）；场景Scene（缩写SE）；专业知识Knowledge（缩写K）；关键行为Behaviour（缩写B）；挑战情景Challenge（缩写C）；配套工具Tool（缩写T）

- ✓ 工作任务：罗列关键岗位的工作任务。
- ✓ 工作场景：描述任务下的具体场景。
- ✓ 组织经验：萃取所需要的专业知识、关键行为、挑战情景以及配套工具。

注意，很多工作场景中需要秉持端正的工作态度，态度类知识属于隐性知识，为了更易于实践落地，所以需要将隐性知识显性化并且转化为动作行为才更有意义。

第一节　萃取专业知识

"知识"是KSA中的K（Knowledge），是指完成工作任务必须掌握的数据、词汇、概念、常识等，包括事物的定义、构成、原理、原则、特征等，解释了"是什么"的问题。有时为了方便理解和区分，还会萃取"不是什么"以及事物的"优点、缺点"和"常见误区"等。完成工作场景所需要的知识多是本岗位序列所必须的专业知识。

分享一个案例，HR在进行招聘新员工时有一个很关键的任务"筛选候选人简历"，在这个任务中只有一个工作场景就是筛选简历，在这个任务中需要HR了解哪些知识呢？

在进行简历的筛选中，HR需要知道的信息包括以下内容：

✓ 简历的"构成"：简历内容包含什么内容，也就是构成简历的"基本要素"是哪些，这些要素需要关注哪些信息。

✓ 好简历的"特征"：除了"基本要素"做筛选依据，更要知道优秀简历的"特征"才能在很短时间内筛选出潜在的优秀候选人。

以"简历的构成"这个知识点为例，将知识细节挖掘出来。

> **萃取知识**
>
> 【工作任务】HR筛选候选人简历
>
> 【工作场景】筛选候选人简历

【萃取知识】简历的构成

知识要点	详细描述
1.姓名	简历是一个人的生涯记录，上面会极力粉饰所有的成就，却刻意回避所有的失败。在看简历时，除了与职位要求相关的"硬性"条件；基本信息可以一扫而过，但要注意以下几点： 姓名栏用"姓氏＋先生／小姐"，需要留意。用"姓氏＋先生／小姐"，表明应聘者有一定的保密意识，或者还在职，简历里也可能存在某些虚假部分，这些方面都需要留意。 如果应聘者用全名，说明不顾虑原公司知悉其有离职意向，另外，对简历真实性等内容有一定的信心。还有部分应聘者会故意让原公司知悉其求职迹象，便于提升其在公司内的重要程度，争取更多的资源与话语权，这些都要在面试过程中留意。
2.照片	照片可以看出职业化程度高低。简历中附着的照片大多是证件照，但是有人会放着生活照甚至是剪刀手的萌照。使用这种照片的人，职业化程度偏低。简历是一个正式的商业信函，那商业信函里什么样的照片是合适的，他应该是没有考虑过的。
3.电子邮箱	电子邮箱主要是看有没有特殊意义，包括体现了候选人的理念、价值观。邮箱还可以体现一个人的心理，用VIP邮箱说明候选人比较重视个人品牌。
4.家庭住址	家庭住址对于候选人的稳定性有很大的影响。另外，从侧面也能反映出候选人的收入状况和支出水平。如果居住地离工作地点太远，需要关注。特别是北上广深这样的一线城市，交通拥堵特别严重，如有家庭住址特别远，对于候选人的稳定性有很大的影响。另外，家庭住址在哪个小区，从侧面也能反映候选人的收入状况和支出水平。
……	……

有关知识萃取的更多案例可以参考系列化丛书的上册《开发一门场景化课程》一书，在这里就不再展开了。

第二节　萃取关键行为

在完成工作任务的过程中绩优员工总会在某个时间节点上做一些决定、采取必要的行动措施，这些"关键行为"会促进任务的圆满完成。

在任务中提炼萃取"关键行为"有几种经典的方法。

方法一　拆解任务中的流程步骤

在流程中寻找关键行为，例如水务公司施工队在封闭、有限的作业空间时，关键行为有三个步骤：先通风，再检测，后作业。

萃取关键行为：拆解流程步骤

【工作任务】有限空间安全作业

【任务背景】水务公司施工队在井下作业时因为封闭空间会有中毒以及爆炸等安全隐患

【关键行为】萃取安全措施的关键行为

步骤一　先通风

打开井盖自然通风持续最少15分钟时间，为了提高效率，可以使用通风机帮忙。

步骤二　再检测

用检测仪检测井室内空气质量，检测硫化氢、一氧化碳等重要的有害气体的含量。

步骤三　后作业

确定安全后下井作业，系好安全带固定安全绳，监护人员不得离开监护现场。

方法二 提炼措施、方法、技巧

还记得"把大象装冰箱"那个小品吧,把大象装进冰箱分成几步呢?在春晚小品中的回答是分成三步:第一步把冰箱门打开,第二步把大象装进去,第三步把冰箱门关上。通过三步讲解了把大象装冰箱的流程,但是为什么在小品中却引起观众的哄堂大笑呢?因为观众都知道"第二步把大象塞进去"是不好实现的,演员故意把这一步骤抖成了包袱。如果也认真搞笑一把,把"大象装进去"这一步的"关键行为"讲解清楚,是通过什么措施、方法或技巧实现的呢?

萃取关键行为:提炼措施/方法/技巧

把大象塞进冰箱有五个方法
- ✓ 方法一 拼命硬塞法
- ✓ 方法二 美食忽悠法
- ✓ 方法三 大力抱入法
- ✓ 方法四 血腥肢解法
- ✓ 方法五 换大冰箱法

萃取完成任务的关键行为,不但把方法枚举出来,而且还要深入介绍如何实现这些方法及措施。

萃取关键行为:提炼措施/方法/技巧

【工作任务】扬尘防治

【任务背景】为积极响应国家打好蓝天保卫战的号召,全国各省市摸索出建筑施工现场扬尘防治的方法和措施

> 【关键行为】扬尘防治的三个措施
> ✓ 措施一　冲洗出入车辆，确保车辆干净出场
> ✓ 措施二　围挡施工现场，将在建工程围挡起来
> ✓ 措施三　裸土全覆盖，达到不产生扬尘的目的

在描述"关键行为"时特别注意，描述具体的做法，有哪些关键动作，要点是什么，为什么要这么做，还有哪些需要注意的，尽量采用动宾结构进行描述，越具体越好，让"关键行为"可操作、可落地。

案例　"筛选候选人简历"的关键行为

接下来以HR招聘面试为例，在"筛选候选人简历"任务中需要做的"关键行为"有哪些呢？筛选简历的标准流程有：粗筛、细选、精读、研判、匹配。

萃取关键行为

【工作任务】HR"筛选候选人简历"

关键行为	详细描述
步骤一 粗筛	（动作）粗筛简历平均每份用时大约一秒钟。 （要点）在粗筛之前，充分理解招聘岗位中的职责和需求，包含用人部门的隐性要求。 （要点）粗筛的核心诀窍是"只看否定项，不看符合项"。只要在某一关键词上，不符合招聘岗位条件和要求，就直接予以排除。 （要点）关键词包含职位、职责、学历、工作年限、住址等。 （注意）经过一秒钟扫描法，大约只有10%左右的简历能够进入"简历的细选"。

续表

关键行为	详细描述
步骤二 细选	（动作）在细选阶段，每份简历的平均用时大约六秒钟。 （要点）细选简历的诀窍：只看简历不"读"简历。细选的方法，是寻找是简历中最近工作经历中与招聘岗位大致相匹配的内容。这里有三个核心词：最近、大致、匹配。 （注意）细选时只看重最近经历中与招聘岗位中相吻合的经验；只求"大致"匹配，不要求严格吻合。
步骤三 精读	（动作）从第三关开始，就要判断隐性的能力、个性、动机等。
步骤四 研判	（动作）简历研判是在精读简历基础上的进一步更加细致和更加严格的"审判"。如果把"精读"视为是看"有没有"，那研判则是看"高不高""深不深""精不精""强不强"。 （要点）研判简历的难度在于"怎样判"，因为"怎样判"需要一定的经验和实力。
步骤五 匹配	（要点）简历的匹配是整个简历审判的核心。若招聘岗位中的关键要素与应聘者工作经历和经验能够完全对应匹配的，叫直接匹配法。 （注意）但是在招聘实践中，绝大多数简历不会完全匹配，则要使用模糊匹配法，即大部分关键要素匹配，一些次要要素不匹配，或者求职者的"可转移技能"可以弥补，则模糊匹配成功。

在萃取工作经验时，特别是梳理任务的"关键行为"项时可以借鉴各个行业、领域中的成熟模型。

温馨提示

借鉴各个行业、领域中的成熟模型

在萃取工作经验时，特别是梳理任务的"关键行为"项时可以借鉴各个行业、领域中的成熟模型。

✓ 比如借鉴麦肯锡的"问题分析与解决方法"：该方法中的主要措

> 施是发现问题并分类、将问题转化为具体课题、找出借鉴课题的替代方案。
> ✓ 再比如美国质量管理专家沃特·阿曼德·休哈特提出的质量管理PDCA循环：即质量管理分为四个阶段，分别是计划Plan、执行Do、检查Check、处理Act。这一工作方法是质量管理的基本方法，也是企业管理各项工作的一般规律。

参考这些经过验证并广泛应用的理论模型，在组织经验萃取中会降低工作的难度。

第三节　萃取挑战情景

工作场景中的"关键行为"是基本的行为措施，在实际工作中往往会存在很多意想不到的困难、隐藏的风险，或者是突发事件，这些都会让新员工措手不及，这时候很有必要提前把业务专家的经验总结出来。

邀请业务专家根据业务场景盘点有哪些易错点、容易忽略的点、有困难完成的点，找到完成任务的"挑战情景"。分析之所以犯错的原因，给出相应的方法、技巧、建议，以及注意事项等，告诉新员工如何去应对。（如表3-2所示）

表3-2　萃取挑战情景

挑战情景	说　明	对应措施
困难点	完成任务时会遇到的难题	措施/方法/技巧/建议 注意事项/温馨提示
易错点	完成任务时容易出错的地方	
易忽略点	完成任务时容易忽略的地方	

在复盘过程中,重点是去复盘"挑战情景"有哪些,首先找到工作情景中的问题,然后再根据问题给出对应措施。

案例 "筛选候选人简历"的挑战情景

仍以HR招聘面试为例,在"筛选候选人简历"工作任务中需要做的"关键行为"是按照筛选流程进行简历的筛选,流程为:粗筛、细选、精读、研判、匹配。大量的招聘事实表明很多简历都会含有水分,掌握了标准的筛选流程还不够,在这个过程中有经验的面试官能迅速"识别出简历中的水分"。即使不是水分,也会被候选人称为善意的谎言,作为招聘人员,需要让简历去伪存真还原本质,因此鉴别简历的真假是招聘人员的必备技能,也是重要的挑战。

在这个场景中有"校园招聘"与"社会招聘"两个招聘渠道,需要分别识别两个渠道的简历水分。以识别校园中的简历水分为例:

萃取挑战情景

【工作任务】HR"筛选候选人简历"

挑战情景		详细描述
识别校园简历中水分	识别教育背景	教育背景:关注上学时间点,教育经历时间长短,以及教育经历之间的时间衔接是否正常。 (要点)教育背景对于应届毕业生和毕业三年内的应聘者来说是非常重要的部分。这部分需要关注上学时间的合理性,教育经历时间长短是否符合实际情况,以及教育经历之间的时间衔接是否正常。而且所获学历是否为全日制国家统招其毕业证的含金量完全不一样。 (注意)有的候选人第一学历上写的是成教本科的学历,获得成教本科应当先有专科学历,再通过专升本,而不是直接本科。

续表

挑战情景	详细描述
识别 社会实践	社会实践部分水分较大，可通过了解实习机会的来源来判断个人能力。 （原因）对于学生而言，在学校期间参加社会实践活动，表明他有意愿尝试，并且可能积累一定的实践经验，但是这部分也是出现造假最多的部分。 （动作）而对于招聘人员，则可以通过了解实习机会获取的方式来判断此候选人的能力水平。实习机会获取的途径大致有以下四种，学校统一安排；家长安排；学校提供机会，自行选择；主动寻找。 （注意）其中最后一种实习机会获得是对个人能力要求最高的。

通常在完成工作任务时，能完成"关键行为"，组织对员工的评价结果可以定义为"胜任"，如果再能应对"挑战情景"，那么评价结果就是"优秀"了。

第四节　匹配辅助工具

工具是完成工作任务强有力的支撑。从学习者的角度来说，了解了相应的知识、技能后，如何结构化呈现便于工作中随时调取，有经验的业务专家会有配套的清单、模板、话术等工具帮助他们更好地解决工作中的实际问题。在这里与大家分享几种经典的辅助工具：清单、模板、话术、制度等。

1.清单

清单指的是详细登记有关信息的单子，在各行各业，甚至是生活中都起到非常积极重要的作用，通常是以表格的形式呈现，提醒操作人员"需要做哪些事情的自检清单""完成工作的参考标准"或者"输出结果的审核依据"等。例如飞行员在起飞之前有一百多项工作需要准备，如果只凭记忆很容易造成工作上的遗漏，有一个审核清单做辅助工具就可以进行逐项工作的自查了。

以5S管理为例，实施5S能为组织带来巨大的好处，可以改善企业的品质，提高生产力降低成本，同时还能确保安全生产。在实施具体的5S管理时，很多组织都有自己的规范及要求，有经验的管理者就会总结一个5S管理清单协助管理工作。

工具：清单

【工作任务】现场5S管理

【工具清单】生产车间5S检查表

生产车间5S检查表

检查区域：　　　　责任人：　　　　检查时间：　区　年　月　日

项目	检查内容	检查标准	配分	实得
整理	1.通道是否脏乱且堵塞	干净、整洁、无杂物	4	
	2.工作场所及各角落里是否有长期不用及不必要的物品	无	4	
	3.办公桌（作业台）是否物品摆放杂乱且不干净整洁	物品摆放有序且干净整洁	4	
	4.办公室东西摆放杂乱，没有相应的定置管理	摆放有序，有定置图	3	
	5.工作场所有无定置图及相应责任者	有定置图，相应责任人	4	
	6.工作用的生活用品是否有定位放置且摆放整齐	定位放置	4	
整顿	1.设备、机器、仪器是否摆放整齐，干净整洁	整齐、干净整洁	3	
	2.工具是否有保养有定位放置且采用目视管理	有保养记录、目视管理	4	
	3.作业现场是否有不良品摆放且无明显标识	无或有但有明显标识	4	
	4.是否有图纸、作业标示书且定位放置干净整洁	定位放置且干净整洁	4	
	5.车间线路管道是否杂乱摆放且有裸露现象	无杂乱、裸露现象	4	
	6.配电柜是否有损坏且不干净整洁的现象	无损坏且干净整洁	4	
	7.窗台是否有杂物摆放	无杂物	3	

续表

项目	检查内容	检查标准	配分	实得
清扫	1.地面及通道是否有烟蒂、纸屑、布屑，是否干净	无杂物且通道干净	4	
	2.门窗及窗纱是否有损坏，积累灰尘，是否定期清洗	无损坏且干净整洁	4	
	3.墙壁是否有蜘蛛网，是否有长期积累的灰尘	无蜘蛛网，无灰尘	4	
	4.办公室地面、门窗是否干净整洁	干净整洁	4	
清洁	1.通道及作业区是否感觉舒畅	感觉舒畅	4	
	2.地面是否干净、亮丽，感觉舒服	干净、亮丽	4	
	3.办公桌、作业台、架子是否干净且感觉舒服	干净	3	
	4.设备、工具、仪器是否清洗干净，有全新的感觉	干净、整洁	4	
素养	1.上班期间是否严格按规定穿戴好工作服及上岗证	穿工作服，佩戴上岗证	4	
	2.工人仪容整齐，是否有不修边幅现象	无不修边幅现象	4	
	3.上班期间是否有举止粗野、口出脏言的现象	无举止粗野、脏言现象	5	
	4.上班期间是否有做与工作无关的工作	无	4	
	5.上班期间是否有随意走动，或有聊天说笑的现象	无	3	
合计	100		4	

检查人：　　　　统计人：　　　　审核人：

2.模板

模板，体现的是结构形式的标准化，是将事物的标准、结构、规律进行固化的结果，例如签订商务合作的"合同模板"、办理入职手续的"劳动合同模板"、发生借贷关系的"借款模板"等，都有其固定的、标准的内容模板，将这些模板总结出来供学习者使用是非常受欢迎的。

分享一个"借款单模板"的案例。

工具：模版

【工作任务】以部门为单位向组织提出借款申请

【工具清单】借款单模板

借款单					
单位：			日期： 年 月 日		
部门			借款人		
借款事由：					
借款金额（大写）：		￥：			
领导指示：	财务核定：		借款人（签字）：		
			开户信息：		
			账号：：		

3.话术

话术是说话的艺术，它看似简单，却包含着做人做事的技巧，在各个行业中销售和服务等岗位的工作很大程度上依赖于语言艺术，比如客服人员回答咨询业务时，比如推介银行理财产品时，比如接听故障救援电话时，每个行业的工作人员都会有相应的话术。这些话术既体现了职业素养，也解决实际的问题，有的时候还要兼顾安抚客户情绪的作用。将这些销售话术、服务话术整理出来作为工具提供给学习者，会提升他们的工作效率。

以企业培训经理岗为例，在进行关键岗位经验萃取时需要对业务专家进行访谈调研，准备一套访谈话术，这样就会更严谨、规范的进行调研工作。

工具：话术

【工作任务】关键岗位经验萃取进行电话访谈
【工具清单】电话访谈话术

> **电话访谈话术提纲**
>
> （开场白说明目的）××您好，了解到您所在部门有为大家提供培训的需求，作为该业务线的核心骨干人员，想向您简单咨询几个问题，大约有10个问题，需要10～15分钟左右。
>
> 1.看到您所在的岗位是×××，您主要的工作内容或者工作任务可以简单介绍一下吗？
>
> 2.在你描述的任务×××中，发生频率如何呢？（如一年发生几次？）完成这项任务的时间周期大概是多久呢？（如一个月/季度）
>
> 3.你所负责的×××（主要任务/工作内容）中，对您业绩影响最大的任务是哪个？它的主要流程是怎样的呢？比如什么阶段和什么人做什么事？
>
> 4.你最近一段时间内有没有发生过让你特别兴奋、感觉特别成功的事件？你在这件事中承担什么角色？做了什么事情？自己有没有复盘总结过经验？
>
> 5.在目前完成工作任务中你遇到的最大困难是什么？

4.制度

制度是为了维护正常的工作、劳动的秩序，保证组织各项政策的顺利执行和各项工作的正常开展，制订的具有法规性或指导性与约束力的应用文。组织在制定制度时是严格执行国家法律、法规的规定，保障劳动者的劳动权利，督促劳动者旅行劳动义务。

在组织内制度可以分为岗位性制度和法规性制度两种类型：

- ✓ 岗位性制度适用于某一岗位上的长期性工作，例如《办公室人员考勤制度》《机关值班制度》；
- ✓ 法规性制度是对某方面工作制定的带有法令性质的规定，例如《职工休假制度》《差旅费报销制度》。

工具：制度

【工作任务】员工在生产中需要严格遵守安全生产制度

【工具清单】安全生产责任规章制度

安全生产责任规章制度

根据本厂实际情况制定了以下的安全生产规章，本厂员工必须严格遵守。

为贯彻本厂相关安全制度，保证员工人身和设备安全，使生产顺利进行，针对生产车间环境特点，特制定本规定：

第一条　车间内要保持环境清洁，各种物料码放整齐。

第二条　车间内不得私接乱拉电源、电线，如确实需要，需办公室批准，用后及时拆除。

第三条　使用各种设备必须严格遵守操作规程，严禁违章作业。

第四条　锅炉运行期间，要加强巡视，发现异常及时处理。

第五条　避免各种电气设备、线路受潮和过载运行，防止发生短路，酿成事故。

第六条　车间内禁用明火，如确实需要须征得同意，在采取有效安全措施后，方可使用。使用期间须由专人负责，使用后保证处理妥当无隐患。

第七条　车间要坚持定期与不定期各部位进行检查，出现问题及时报告。

第八条　车间内，消防器材及设施必须由专人负责，定点放置，定期检查，保证完好有效，随时可用。

第九条　当日工作结束前，应检查车间内所有阀门、开关、电源是否断开，确认安全无误后方可离开。同时必须做好落手清工作。

第十条　发现火灾险情要积极扑救，并立即报告。

第十一条　主要安全通道严禁占用。

第十二条　严禁带无关人员进入本厂，违者对当事人罚款。

这一节介绍了在工作中所需要的清单、模板、话术、制度等常用的配套工具，除了这几种工具以外，在实际工作中根据业务需求还能开发更多、更有效、更匹配自身专业的工具包。

工具的应用

依据工作任务和工作场景总结出来的辅助工具，将他们制作成文本、图文、表格等纸质版本或电子版本多种形式，无论应用到培训学习中还是实际工作中都会发挥非常大的作用：

- ✓ 可以形成岗位工具箱，在实际工作中随时随地的使用；
- ✓ 可以作为培训素材体现在岗位学习地图的资源库中。

第五节　输出知识清单

关键岗位的组织经验是按照工作任务进行场景重现和细节挖掘的，在输出知识清单时也围绕着工作任务进行汇集整理更有利于知识的理解。（如表3-3所示）

表3-3　组织经验萃取清单

组织经验萃取清单							
工作任务	任务目标	工作场景	专业知识	关键行为	挑战情景	辅助工具

说明：
1. 在表格相应位置填写项目编号及名称，例如关键任务（TA01.介绍产品）、产品知识（K01.产品知识）等；
2. 各个项目的编号规则为：任务Task（缩写TA）；场景Scene（缩写SE）；专业知识Knowledge（缩写K）；关键行为Behaviour（缩写B）；挑战情景Challenge（缩写C）；辅助工具Tool（缩写T）等。

第六节　案例分享

分享一个企业HR"筛选候选人简历"工作任务的案例，在萃取工作经

验过程中，萃取完成该任务所需要的"专业知识""关键行为"及"挑战情景"等。（如表3-4所示）

表3-4 "筛选候选人简历"组织经验萃取清单

工作任务	任务目标	工作场景	专业知识	关键行为	挑战情景	辅助工具
TA1.筛选简历	确认求职者与职位匹配度	SC1.筛选候选人简历	K1.筛选简历的基本要素 K2.优秀简历的特征	B1.筛选简历的流程	C1.识别校园简历中水分 C2.识别社会简历中水分	—

说明：

任务Task（缩写TA）；场景Scene（缩写SE）；专业知识Knowledge（缩写K）；关键行为Behaviour（缩写B）；挑战情景Challenge（缩写C）；辅助工具Tool（缩写T）

步骤一：萃取完成工作任务的"专业知识"

首先挖掘萃取"筛选候选人简历"这个工作任务所需要的"知识"。（如表3-5所示）

表3-5 "筛选候选人简历"专业知识

专业知识	知识要点	详细描述
K1.筛选简历的基本要素	1.姓名	简历是一个人的生涯记录，上面会极力粉饰所有的成就，却刻意回避所有的失败。在看简历时，除了与职位要求相关的"硬性"条件；基本信息可以一扫而过，但要注意以下几点： 姓名栏用"姓氏+先生/小姐"，需要留意。用"姓氏+先生/小姐"，表明应聘者有一定的保密意识，或者还在职，简历里也可能存在某些虚假部分，这些方面都需要留意。 如果应聘者用全名，说明不顾虑原公司知悉其有离职意向，另外，对简历真实性等内容有一定的信心。还有部分应聘者会故意让原公司知悉其求职迹象，便于提升其在公司内的重要程度，争取更多的资源与话语权，这些都要在面试过程中留意。

续表

专业知识	知识要点	详细描述
	2.照片	照片可以看出职业化程度高低。简历中附着的照片大多是证件照，但是有人会放着生活照甚至是剪刀手的萌照。使用这种照片的人，职业化程度偏低。简历是一个正式的商业信函，那商业信函里什么样的照片是合适的，他应该是没有考虑过的。
	3.电子邮箱	电子邮箱主要是看有没有特殊意义，包括体现了候选人的理念、价值观。电子邮件主要是看有没有特殊意义，包括体现了候选人的理念、价值观。邮箱还可以体现一个人的心理，用VIP邮箱说明候选人比较重视个人品牌。
	4.家庭住址	家庭住址对于候选人的稳定性有很大的影响。另外，从侧面也能反映出候选人的收入状况和支出水平。如果居住地离工作地点太远，需要关注。特别是北上广深这样的一线城市，交通拥堵特别严重，如有家庭住址特别远，对于候选人的稳定性有很大的影响。另外，家庭住址在哪个小区，其实从侧面也能反映出候选人的收入状况和支出水平。
K2.优秀简历的特征	1.求职目标明确、岗位能力突出	求职者试图表明什么都能干，或者列出十多个工作岗位。组织需要的是专业人员，即使是比较通用的职位，一个人也会有自己的兴趣和定位。 优秀简历重点突出，大部分篇幅呈现与岗位强相关的经历、经验、能力，让人看完简历后能够把握住核心优势、特点在哪里。
	2.工作经历翔实，关注事实与数据	好的简历其实不需要用过多的语言描述、包装，只要呈现事实数据就已经有足够的说服力。特别是在过去的企业中做了什么事情、成果如何。只有不加粉饰的经历，才能对求职者的贡献做出合理的预测。 工作经历还有一个特征，就是在同行业与职位上，职业发展路径一直呈现曲线上升的趋势，而不是上下波动的趋势。
	3.内容简明扼要，表达流畅准确	曾经遇到过刚毕业学生的简历，里面包括了大学四年的各种荣誉证书的复印本，而且表达累赘，错别字较多…… 优秀的简历通常以要点的方式呈现，而非以段落的方式呈现，给人"如沐春风"的感觉。这体现了求职者清晰的思路、良好的逻辑思维与文笔。

续表

专业知识	知识要点	详细描述
	4.点缀亮点与特长，锦上添花	优秀的简历通常还会呈现出其他人没有的特点，体现其过人的进取心和内在素质。包括职业能力证书、行业荣誉，运动特长、书法、乐器等，并取得一定的成绩与奖项等。 但不能百花齐放，比如擅长篮球、辩论赛冠军、社团骨干、学生会部长，若申请的职位是销售经理，就需要展现沟通能力和领导能力，那么辩论赛冠军和部长的头衔将会有大帮助。

步骤二：萃取完成工作任务的"关键行为"

挖掘技能的关键要点就是要说清楚怎么做，在操作过程中需要做哪些动作、有哪些要点、为什么要这么做以及注意事项等。（如表3-6所示）

表3-6 "筛选候选人简历"关键行为

关键行为	知识要点	详细描述
B1.筛选简历的流程	粗筛	（动作）粗筛简历平均每份用时大约一秒钟。 （要点）在粗筛之前，充分理解了招聘岗位中的职责和需求，包含用人部门的隐形要求。 （要点）粗筛的核心诀窍是"只看否定项，不看符合项"。只要在某一关键词上，不符合招聘岗位条件和要求，就直接予以排除。 （要点）关键词包含职位、职责、学历、工作年限、住址等。经过一秒钟扫描法，大约只有10%左右的简历能够进入"简历的细选"。
	细选	（动作）在细选阶段，每份简历的平均用时大约六秒钟。 （要点）细选简历的诀窍：只看简历不"读"简历。细选的方法，是寻找简历中最近工作经历中与招聘岗位大致相匹配的内容。这里有三个核心词：最近、大致、匹配。 （注意）细选时只看重最近经历中与招聘岗位中相吻合的经验；只求"大致"匹配，不要求严格吻合。
	精读	（动作）从第三关开始，就要判断隐性的能力、个性、动机等。

续表

关键行为	知识要点	详细描述
	研判	（动作）简历研判是在精读简历基础上的进一步更加细致和更加严格的"审判"。如果把"精读"视为是看"有没有"，那研判则是看"高不高""深不深""精不精""强不强"。 （要点）研判简历的难度在于"怎样判"，因为"怎样判"需要一定的经验和实力。
	匹配	（要点）简历的匹配是整个简历审判的核心。若招聘岗位中的关键要素与应聘者工作经历和经验能够完全对应匹配的，叫直接匹配法。 （注意）但是在招聘实践中，绝大多数简历不会完全匹配，则要使用模糊匹配法，即大部分关键要素匹配，一些次要要素不匹配，或者求职者的"可转移技能"可以弥补，则模糊匹配成功。

步骤三：萃取完成工作任务的"挑战情景"

在筛选简历任务中要面临"简历掺水"的现象，需要分别"识别校园招聘简历中的水分"和"识别社会招聘简历中的水分"两个挑战情景。（如表3-7、表3-8所示）

表3-7 "筛选候选人简历"挑战情景1

挑战情景	知识要点	详细描述
C1.识别校园应聘人员简历中水分	识别教育背景	关注上学时间点，教育经历时间长短，以及教育经历之间的时间衔接是否正常。 （要点）教育背景对于应届毕业生和毕业三年内的应聘者来说是非常重要的部分。这部分需要关注上学时间的合理性，教育经历时间长短是否符合实际情况，以及教育经历之间的时间衔接是否正常。而且所获学历是否为全日制国家统招其毕业证的含金量完全不一样。 （注意）有的候选人第一学历上写的是成教本科的学历，获得成教本科应当先有专科学历，再通过专升本，而不是直接本科。

挑战情景	知识要点	详细描述
	识别 社会实践	社会实践部分水分较大，可通过了解实习机会的来源来判断个人能力。 （原因）对于学生而言，在学校期间参加社会实践活动，表明他有意愿尝试，并且可能积累一定的实践经验，但是这部分也是出现造假最多的部分。 （动作）而对于招聘人员，则可以通过了解实习机会获取的方式来判断此候选人的能力水平。实习机会获取的途径大致有以下四种：学校统一安排；家长安排；学校提供机会，自行选择；主动寻找。 （注意）其中最后一种实习机会获得是对个人能力要求最高的。
	识别 所获奖项	不同学校的奖学金名目众多，可以通过奖学金的奖金额度来判断含金量。 （要点）对于应届毕业生来说，应结合公司的招聘策略来考察，如公司要求是一流的学生，那么这些学生在校期间应获得一定的奖励。 （举例）像奖学金，各个学校奖学金的名称千差万别，评选方法有所差别，这需要通过各种渠道去收集信息，比如通过面试的机会询问。但是肯定的是，奖学金的金额越高，其对学生的成绩和其他综合能力要求越高。
	识别 专业课程	专业课程，基本不用看。 （原因）有的简历中会附有学习期间的主要课程，这些基本不用看，因为相同的专业，学习的课程没有明显差别。 （注意）而且有的学生甚至把马列、毛概、邓论都列到简历里，也能判断出这个孩子在大学期间真的没有什么可值得写的。

表3-8 "筛选候选人简历"挑战情景2

挑战情景	知识要点	详细描述
C2.识别社会应聘人员简历中水分	1.识别工作时间	主要看工作时间长短以及各工作之间是否有断档或重叠。 （要点）工作时间长短主要考察其稳定性。如一年内转换工作就是偏短的，要分析该工作岗位是否特殊，迅速离职是否因为不匹配造成的。

续表

挑战情景	知识要点	详细描述
		（注意）另外，如果距离目前较久远的工作中比较稳定，说明之前工作是较匹配的。但最近更换工作比较频繁，则正处于职业摸索期，处于不断犯错的过程，需要特别注意这类简历。 （要点）各项工作之间的时间是否有断档或重叠。需要考察其是故意省略还是其他原因导致，这些都可以作为面试过程中考察求职者诚信及其他素质的切入点。
	2.识别工作内容	应聘岗位与之前工作内容之间的相关性。 （要点）应聘岗位与之前工作内容之间的相关性。如果相关度高，看在每个公司每个职位上的工作时间长短以及工作中的业绩，工作中的团队经验积累。 （要点）如果相关度不高，则要看工作时间。如果参加工作一年内，且所学专业与应聘职位吻合，则没有太大问题；如果工作时间较长，工作经历与应聘职位要求差异较大，则不做优先考虑；如果工作时间较长，重新学习后再求职（如工作后考研），也是可以的。
	3.识别岗位职责	需要综合三方面内容看其是否符合逻辑及常理。 （要点）这三项内容是工作经历最直接体现，很多时候会存在夸大、不实的情况。需要综合三方面内容看其是否符合逻辑及常理。 水往低处流，人往高处走。如果求职者的岗位在不断地晋升，薪资待遇不断提升，公司规模一家比一家大，是正常的。 （注意）相反，如果求职者从大公司跳槽到小公司之后的岗位和薪资待遇没什么变化，如出现类似的"异常"职位变化，需要特别关注。
	4.识别离职原因	对于含混不清的离职原因，可以通过背景调查解决 （注意）离职原因通常是求职者忌讳莫深的问题。 （要点）一般人都会写"个人发展"，这类情况如果确认是真实的，就是正常的离职原因。 （注意）但简历上如有"公司搬迁、倒闭或组织调整、合同到期"等含混不清的原因，未必代表其真实的离职原因。

第四章　工具化输出

关键岗位的组织经验经过任务化梳理、场景化重现、细节化挖掘等步骤已经完成了基本的萃取过程，但萃取出来的优秀经验是需要用起来的，或者用于新人的培训，比如培训课程、经典案例；或者让新员工在工作的时候有工具做支撑，比如电子版的岗位手册、工作流程，比如纸质版本的话术、百问百答的小册子。只有学习并应用起来，优秀的组织经验才有机会保留和传承下去，因此组织经验需要工具化输出。（如图3-8所示）

组织经验萃取五化模型

任务化梳理 → 场景化重现 → 细节化挖掘 → 工具化输出 → 专业化审核

沉淀传承：精品课程、操作手册工作流程、辅助工具箱、经典案例

图3-8　工具化输出

萃取出来的组织经验可以呈现出很多种输出形式，比如最经典的内容形式有：课程、案例、岗位手册以及辅助工具箱等。无论哪种内容形式，即可以是纸质版的手册、卡片，也可以是电子版的音频、视频、H5等多种媒介呈现形式。

第一节　精品课程

作为培训素材，将优秀的工作经验输出为培训课程是最经典的形式之一。比如把一个规则开发成一门小微课，把一个工作流程开发一系列微课，把一个岗位手册开发成三个小时的线下面授课程等。培训场景不同，课程的呈现形式也不拘一格，可以是图文的，可以是动画的，也可以是视频的。

有关课程开发的流程、要点以及相应的知识点在《开发一门场景化课程》一书中做了详细的介绍，在这里结合组织经验的工具化输出强调两个话题，分别是微课与大课的相关概念。

微课

萃取出来的组织经验中包含了很多知识点，有的是一个概念、定义，有的是一个技巧、措施，这些知识点是完成工作任务中必备的知识技能，可以围绕一个知识点开发一门3～5分钟的小微课，也可以围绕工作任务、场景开发一系列的微课程。小微课的特点是时间短，因此只介绍一个知识点，或者回答一个知识或者解决一个问题，把一个知识点讲透即可。

虽然是微课，但也是课程，有明确的教学目标，讲给谁听，如何应用到工作中解决实际的问题。还有一个需要注意的：学习者对微课的期望值越来越高,希望微课既有用、又好玩,因此在微课的教学设计上是需要多下一些工夫的。

通常微课的特征是短小精悍,只有一级目录,不展开二级目录,并且一级目录直接回答微课题目。比如"去除灶台油垢小窍门",题目问的是"窍门方法"有什么,一级目录直接回答"瓜果去污法""苏打白醋法""面粉去污法"等。一级目录沿着一个维度展开,更容易让学习者记住。(如图3-9所示)

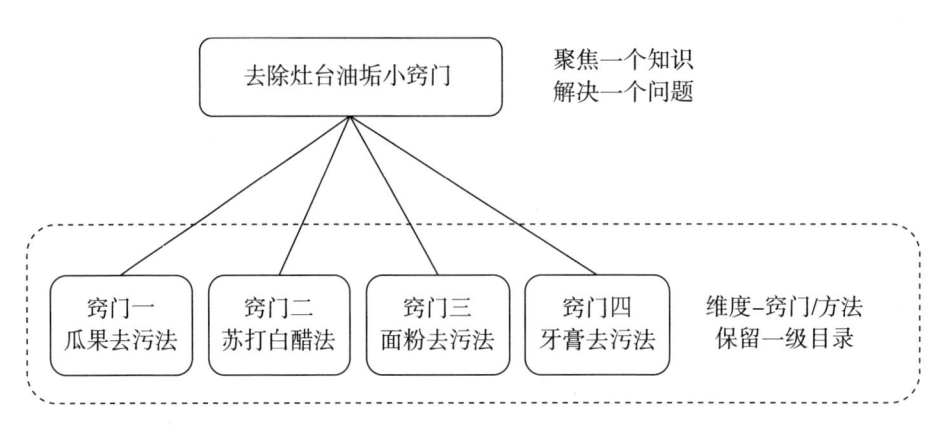

图3-9 一门小微课的结构

通常完成一个工作任务只介绍一个知识点是讲不透彻的,这时候可以围绕工作任务将多个知识点开发成一系列微课程。比如"安全生产系列微课程",三个独立的微课程分别是:安全生产职责、用电安全和消防安全。其中"安全生产职责"是每个员工都肩负的责任,除了生产职责以外,用电安全和防火安全是最常见的两种安全场景,所以"用电安全预防与应急措施"和"消防安全预防与应急措施"与安全生产职责相互独立,又组成了完整的系列课程。(如图3-10所示)

小微课大作用,多门微课形成系列课程发挥的作用就更有意义了。

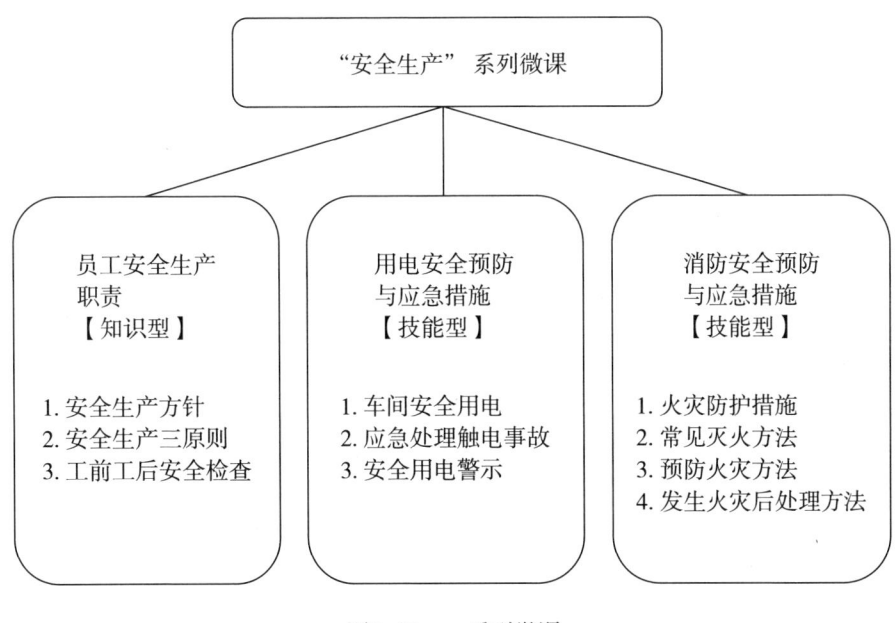

```
                    "安全生产"系列微课
                    ┌──────────┼──────────┐
            员工安全生产        用电安全预防        消防安全预防
              职责              与应急措施         与应急措施
            【知识型】           【技能型】          【技能型】

        1. 安全生产方针      1. 车间安全用电      1. 火灾防护措施
        2. 安全生产三原则    2. 应急处理触电事故  2. 常见灭火方法
        3. 工前工后安全检查  3. 安全用电警示      3. 预防火灾方法
                                                 4. 发生火灾后处理方法
```

图 3-10　一系列微课

大课

所谓的大课程通常是以45分钟或50分钟为单位的课程，通常是由培训讲师进行讲授，或者转换成图文版本的快速课件，还可以通过讲师出镜讲解录制成在线课程。因为有讲师的讲解，所以大课的内容比较多，并且常有学科教育的影子，理论知识偏多，这些课程更像是"内容素材"，不太容易解决实际工作中的问题。在互联网背景下的在线学习，越来越要求时间的碎片化，但又需要知识的完整体系，所以大课程的设计趋势一定是结构系统化设计、知识碎片化呈现。

为了提升学习效果，所谓的大课程是需要依据工作任务重新设计课程结构的。

以"市场营销"为例，传统大课程结构中知识点相对独立、理论偏多，比如第一章是导论、第二章讲解的全部是概述，第三章开始进行技能知识进行讲解。围绕工作任务改造后的一系列微课程是"认识市场营销""市营销环境分析""市场竞争策略"。改造后的知识结构聚焦岗位任务、依托工作场景，让"学"与"用"之间的距离更短，知识更容易落地，可操作性也更强。

根据任务场景改造的大课结构

市场营销
传统课程结构

第1章　导论
第1节　市场营销学概述（知识）
第2节　市场营销的内涵（知识）
第3节　市场营销的重要性（知识）
第4节　市场营销管理哲学的演变
　　　　（知识）
第2章　市场营销环境
第1节　市场营销环境概述（知识）
第2节　市场营销微观环境（知识）
第3节　市场营销宏观环境（知识）
第3章　市场竞争战略
第1节　竞争者分析（技能）
第2节　市场地位与竞争战略
　　　　（技能）
……

→ 改造 →

市场营销
基于工作任务的课程结构

任务1　认识市场营销
场景1　认识市场营销
任务2　市场营销环境分析
场景1　认识营销环境
场景2　分析市场环境制定营销策略
任务3　市场竞争策略
场景1　识别竞争者
场景2　制订市场领导者策略
场景3　制订市场挑战者策略
场景4　制订市场追随者与市场
　　　　利基者策略
场景5　制订市场补缺者策略
……

再分享一个案例，在《有效沟通》这门大课程的原始结构中，主要包括"沟通的重要性""沟通要素""沟通技巧"等内容。这些内容中有干货，但是缺少应用场景，所以结合应用场景以及需要解决的问题，将知识按照"沟通对象"的维度，重新微化处理。改造后的课程结构分成了一系列的知识点，其实就是一系列子微课"与客户沟通技巧""与同事沟通技巧""与上级沟通技巧""沟通加分项：正确使用肢体语言"。

经过微处理的内容，每一个子微课都能承担一个学习目标，组在一起又能实现"有效沟通"这门母课的课程目标。

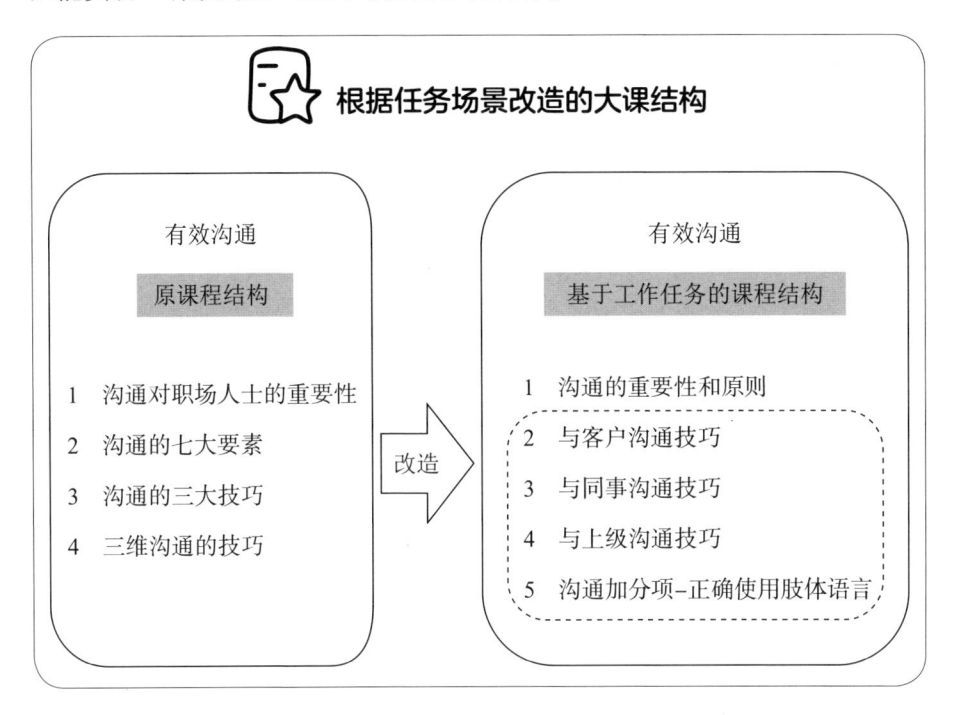

根据任务场景改造的大课结构

有效沟通
原课程结构
1. 沟通对职场人士的重要性
2. 沟通的七大要素
3. 沟通的三大技巧
4. 三维沟通的技巧

改造→

有效沟通
基于工作任务的课程结构
1. 沟通的重要性和原则
2. 与客户沟通技巧
3. 与同事沟通技巧
4. 与上级沟通技巧
5. 沟通加分项-正确使用肢体语言

第二节 经典案例库

案例的力量

案例是在实际工作场景中发生的，自带场景感，不需要再去苦思冥想背景、事件冲突、解决措施，在输出案例时只需要回顾事件的发展过程，总结经验教训，就能得到一份很有参考价值的培训资料。

案例更容易复制，在案例中遇到的问题和解决方法紧密联系，学习者对场景认同感高、代入感强。学习案例中的经验，避免犯同样的错误，学习案例能促进行为的转化，解决实际问题。

国内很多优秀的企业都非常重视案例的开发，企业内学习的最大作用，就是"避免组织重复发明"。组织当中有那么多的"老师傅"，能不能通过一个系统，将他们的经验有效地萃取出来，进而通过学习手段复制给新人，让新人、新业务单元有效地学习成长呢？这需要借助案例的力量。一线员工每攻克一个"山头"项目后，就召开复盘会，项目组所有成员就项目的真实场景进行研讨。挖掘出这个项目中的所有经验和需要改善的地方，从中沉淀和总结出相应的规律、工具、表单、方法等，以供在下一次项目中使用。案例以文本的形式沉淀下来，投递到公司的案例库，由企业大学的专家进行评审，好的案例会用在教材中，企业强大的知识管理能力也来源于此。

案例库建设

案例库的建设在组织中通常有三个层面，分别是个人案例、部门案例以及企业案例。（如图3-11所示）

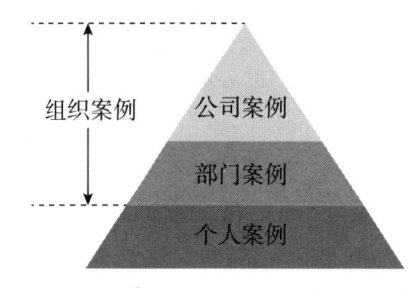

图3-11 案例库建设

- ✓ 个人案例，是员工在工作中的感悟、反思，可以用于个人分享和经验交流。
- ✓ 部门案例的开发者不是个人，是一个项目组，价值也更大。通常主题是基于公司的战略和重大事件去选定的，最后开发出来的案例可以在公司范围内进行大规模的宣传、培训和研讨。部门案例可以是某领域的经验教训、组织的管理经验、专业技能的业务研讨等。
- ✓ 公司案例比部门案例级别更高，公司案例是公司高层关注的，是跨业务领域或者全公司都需要学习的。公司案例的作用是传递组织的价值观、管理理念、政策导向等目标。

案例输出工具

案例的特点非常鲜明，在萃取过程中分成两个步骤：第一步是"演绎"的过程，就是对发生的案例进行描述；第二步是"归纳"的过程，把案例的教育意义进行归纳总结。（如表3-9所示）

表3-9　案例萃取工具

项目		内容
演绎 （背景描述）	背景	描述案例发生的客观环境、政策导向等相关要素
	事件	描述事情发生的经过，包括不限于时间地点人物活动
	核心冲突/ 问题/难点	总结提炼事件中核心冲突，或完成该任务的难点
归纳 （分析与应用）	分析原因	跳出事件本身，客观分析造成冲突、难题的原因
	解决对策 与结论	（成功案例）提炼成功解决的方法论 （失败教训）复盘失败原因，提出可行解决对策
	案例应用	将解决对策进行普适化处理，做到人才的复制

- ✓ 演绎是从案例的背景、事件经过、核心冲突、问题、难点、解决过程等关键点进行描述；
- ✓ 归纳是通过案例可以得到哪些教训，包括正向的启示或改进建议，通过案例可以学习哪些经验、思想、方法论。

分享一个案例萃取输出的模板。

案例　保护企业信息安全

举个例子，某集团的营销人员因为没有保守公司的信息安全为组织造成了重大损失，为了引以为戒，该企业提炼出该事件的案例供全体员工学习，让大家知道保护企业信息安全人人有责。（如表3-10所示）

表3-10　保护企业信息安全案例萃取

项　目		内　容
演绎	背景	销售老谢自入职后就职于第一营销事业部，经过各类项目的打磨，已晋升为某国代，拥有受人尊敬的职级，事业前途一片美好。
	事件	在老谢任职某国代期间，对手公司张某以金钱、职位等利益进行诱惑。对手坚持要求查看老谢邮箱以及公司机密文件，老谢为对手提供了年度经营信息等多项机密信息。
	核心冲突	最后老谢因泄露机密被公安机关逮捕。 老谢的行为给公司和个人带来严重后果：导致公司在该国家招投标项目失利，产生严重负面影响，给公司造成严重经济损失；老谢个人也付出沉痛代价、事业中断、面临法律制裁。
归纳	分析原因	老谢泄露公司机密的原因 一、意识上 1.没有以公司的利益为重，没有坚守公司机密； 2.没有抵制住金钱的诱惑； 3.法律合规意识淡薄。 二、行为上 1.遇到问题，没有与公司领导及时沟通； 2.非法借用外力，被对手抓住弱点，被利用； 3.得知做错后，没有及时悔过自新，存在侥幸心理； 4.在错误的道路上越走越远，在罪恶的陷阱里越陷越深，不能自拔。
	解决对策	作为管理干部，要保守公司机密，以身作则。作为员工要洁身自好，对公司忠诚。
	案例应用	在保守信息安全面前，每个人都要对自己念紧箍咒，磨练心性，严格遵守公司的信息安全规章制度，用正直武装自己。

在编写案例时需要注意以下情况：

> **温馨提示**
>
> **提示一　场景化**
>
> 案例发生在真实的场景中，场景描述尽量具体，学习者才有更强的认同感和代入感。
>
> **提示二　精准化**
>
> 还原真实过程，表达逻辑要清晰，语句尽量简洁，因为不同于讲故事，不需要"大而全"的描述，抓住案例中的关键信息即可。必要时根据需要进行敏感信息的处理，比如隐去真实的人名、敏感的财务数据及易泄密的商业信息等。
>
> **提示三　客观性**
>
> 站在中立者角度进行客观分析，就案例本身进行分析评价、总结经验教训。

第三节　岗位操作手册与工作流程

1.流程宝典

标准的流程是工作中非常有价值的辅助工具。萃取出来的工作流程，特别是作为岗位标准的工作流程，比如汽车销售九步流程、售后八步流程等，每一步流程都包含了非常多的岗位经验，有知识、有技能，有挑战情景，也有配套工具。工作流程让学习者对全局有清晰的认识，对于再复杂的操作只要按照流程步骤操作下来，就能顺利地完成工作任务。

这些工作流程可以做成纸质版或电子版的手册，或者开发成套的培训课程，既可以做工作的支持工具，也可以作为培训的学习素材。

案例一 （HR岗位）招聘流程

以招聘经理岗的工作为例，很多组织中都有自己的招聘流程，这些流程是根据企业的实际需要，经过长期的工作经验积累、整理出来的。

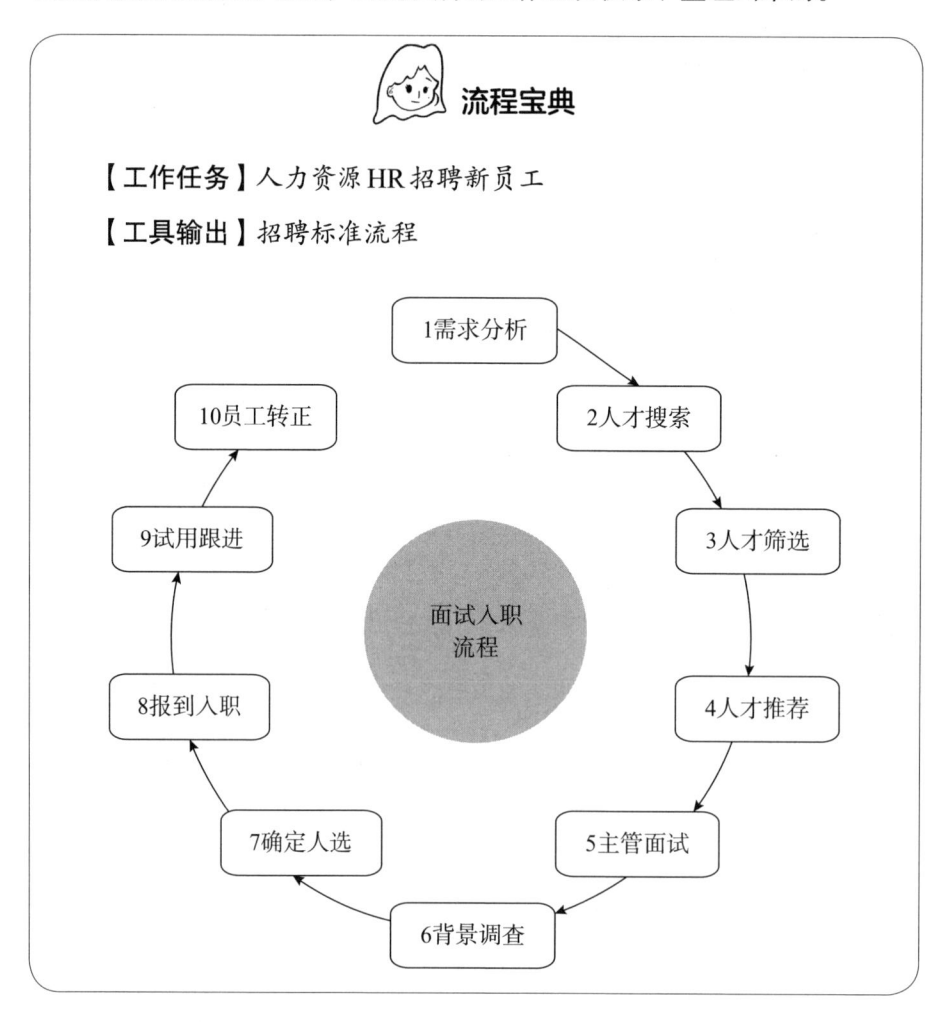

流程宝典

【工作任务】人力资源HR招聘新员工

【工具输出】招聘标准流程

面试入职流程：

1. 需求分析
2. 人才搜索
3. 人才筛选
4. 人才推荐
5. 主管面试
6. 背景调查
7. 确定人选
8. 报到入职
9. 试用跟进
10. 员工转正

案例二　汽车售后（服务岗位）标准服务流程

以汽车4S店初级售后服务顾问岗位为例，在接待客户进行汽车保养中有标准的"收费服务流程步骤"，每个步骤下分别有若干个工作场景，每个场景下需要了解的专业知识、掌握的关键行为均不相同，为了培训新入职员工，总结了标准的工作流程。

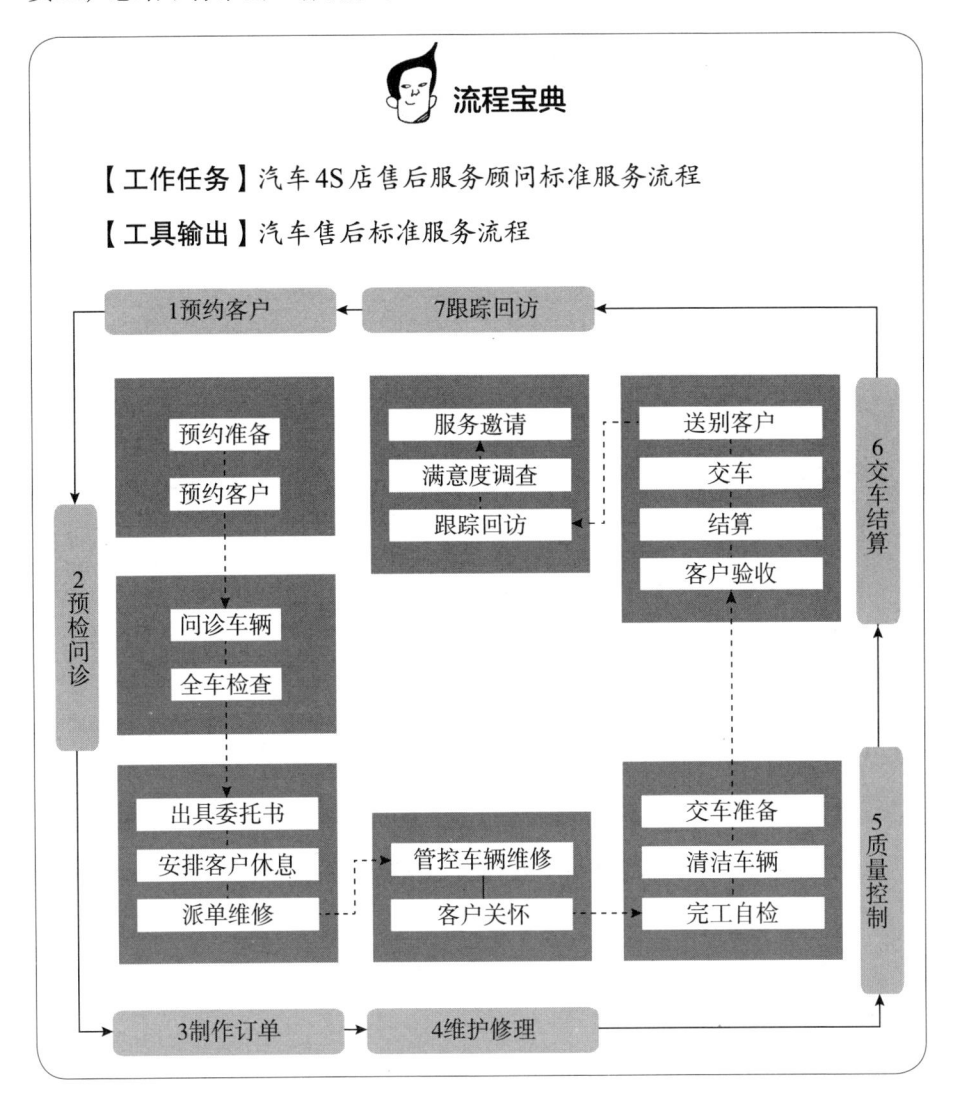

流程宝典

【工作任务】汽车4S店售后服务顾问标准服务流程
【工具输出】汽车售后标准服务流程

1 预约客户
- 预约准备
- 预约客户

2 预检问诊
- 问诊车辆
- 全车检查

3 制作订单
- 出具委托书
- 安排客户休息
- 派单维修

4 维护修理
- 管控车辆维修
- 客户关怀

5 质量控制
- 交车准备
- 清洁车辆
- 完工自检

6 交车结算
- 送别客户
- 交车
- 结算
- 客户验收

7 跟踪回访
- 服务邀请
- 满意度调查
- 跟踪回访

通常在岗位手册与标准的工作流程中的每一步操作都对应着大大小小的任务、子任务，以及任务下的场景。

> **温馨提示**
>
> **每个场景都应具备相应的专业知识**
>
> 在梳理岗位的操作手册与工作流程时，任务与子任务所对应的每个场景下都应具备相应的专业知识、关键行为、挑战情景以及匹配的辅助工具。依据岗位的操作手册或者工作流程将这些知识点串联起来形成的流程宝典，即是标准化的工作依据，也是该岗位职业成长过程中必不可少的学习项目。

2.操作手册

岗位操作手册是针对组织中管理员工和各业务部门工作人员所在岗位的工作职责、管理权限以及各项业务工作提出的具体规范与要求。岗位操作手册是基于组织战略与流程，改进管理者与被管理者对岗位的认识达成一致，明确工作任务的同时也明确衡量岗位绩效标准，为岗位评估提供了参照依据。

岗位手册通常会输出电子版和纸质版形式。

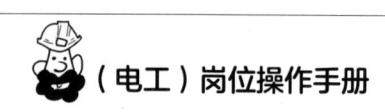

> **（电工）岗位操作手册**
>
> 【工作岗位】某企业（电工）岗位
> 【工具输出】电工岗位操作手册

电工操作手册

一、工作职责

（一）服从班长的工作安排，保质保量完成各项工作任务。

......

二、工作权限

（一）有权制止他人违章作业，对安全措施不符合规定、任务不清和停、带电范围不清的工作项目，以及违章指挥，有权拒绝作业。

......

三、岗位任职资格

（一）高中及以上学历；初级工及以上职业技能资格；经历半年以上岗前培训，并通过培训考核。

......

四、工作内容与要求

（一）安全生产

1.协助班长贯彻"安全第一、预防为主、综合治理"的安全生产方针，熟悉本岗位安全规程及有关标准和规章制度，掌握安全生产知识，履行安全职责。

......

（二）标准执行

1.在工作中应认真执行与本岗位相关的各项技术标准、管理标准、规章制度和工作操作规程，不发生人身、设备事故及生产、工作质量差错。

......

（三）业务工作

1.做好本岗位数据统计工作，确保数据准确，上报及时，协助班长做好资料的积累和保存工作。

......

（四）考核

1.本岗位由本班班长负责检查考核。

......

该案例中是某企业（电工）岗位的操作手册，手册中包含了工作职责、工作权限、岗位任职资格、工作内容与要求等。提炼萃取出来的优秀经验即可体现在"工作职责"中也可以体现在"工作内容"中。

（HR）岗位操作手册

【工作岗位】某企业（HR人力资源）岗位

【工具输出】人力资源岗位操作手册

人力资源工作手册
（制度+流程+实用表格）

第一章　手册的目的
第二章　人力资源部的工作职责
第三章　招聘工作
第四章　新员工入司工作流程
第五章　员工转正考核工作流程
第六章　员工内部调动工作流程
第七章　员工离职
第八章　劳动合同
第九章　制度
第十章　考勤管理
第十一章　员工福利
第十二章　绩效管理
第十三章　奖励制度
第十四章　违纪处分
第十五章　培训与发展
第十六章　职业生涯发展
第十七章　人事档案管理

该案例是某企业人力资源HR岗位的操作手册，在手册中包括人力资源部的工作职责与全部的工作内容，比如"新员工入司""员工转正考核"等标准的工作流程，以及"考勤管理""绩效管理"等典型的工作任务。

第四节 辅助工具箱

在"细节化挖掘"章节中介绍了完成工作任务所需的辅助工具,例如清单、模板、话术、制度、工作计划、方案、合同、规范、办法等,这些工具形成的工具箱也是重要的输出内容,可以将他们制作成图片、脑图、海报、长图、微课、H5等电子形式随时观看,也可以制作成卡片、工作页等纸质版形式随身携带。这些辅助工具箱可以在实际工作中随时随地地应用,也可以作为素材匹配到岗位学习地图的学习项目中。

有关辅助工具箱的内容与形式在这里就不再赘述了。

第五章　专业化审核

经过场景的重现以及深挖工作细节萃取出来的组织经验，在输出之前还需要最后一个必不可少的环节"专业化审核"。（如图3-12所示）

组织经验萃取五化模型

任务化梳理 → 场景化重现 → 细节化挖掘 → 工具化输出 → 专业化审核

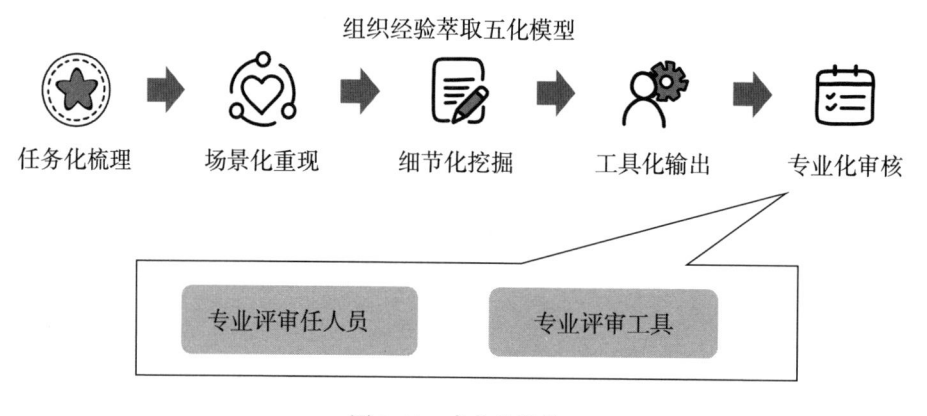

专业评审任人员　　专业评审工具

图3-12　专业化审核

评审人员组成

为了保障组织经验的有效性，需要组成评审组进行专业化审核，审核组通常由3～5名岗位专家组成，其中包括：

- ✓ 知识负责人1名，作为内容的终审人员。通常是由业务线或关键岗位的最高级别的技术负责人或相关人员担任；
- ✓ 评审人员2～3名，作为评审组的主要成员，通常是由业务线中级别较高的业务骨干担任；

✓ 外部专家1名，作为评审组的外援支持。可以邀请标杆企业的业务专家、行业资深人士，他们会以不同视角对知识提出不同的补充意见与建议。

评审工具

提供一个评审工具作为参考，在评审工作中建议以工作任务为单位进行内容的审核，主要从经验的准确性、完整性等角度进行评审，请各位专家填写经验评审表并进行汇总。（如表3-11所示）

表3-11 经验萃取评审表

评审类别	评审项目	评审细则	分值	评分
任务场景	逻辑性	场景的重现符合客观规律、逻辑清晰	4分	
工作经验	准确性	萃取的知识严格符合事实、符合操作标准	2分	
	完整性	完成任务的经验完整，主要内容不缺失	2分	
	易用性	萃取的工作经验描述简洁、有配套的工具，容易学习	2分	
合　　计			10分	
专家补充意见				

在实际应用中根据具体情况对评审工具进行内容的调整。

截止到这里，就介绍完了培训经理枕边书的下册《绘制关键岗位学习地图》的全部内容，依然引用陆游的一首诗作为本套丛书的结束：

古人学问无遗力，少壮工夫老始成。
纸上得来终觉浅，绝知此事要躬行。

向古人学习，活到老，学到老。学习知识固然重要，但是不断实践才是求知的最佳途径。须知，只有能够转化为能力的知识才是力量。我愿和大家共勉。

参考文献

［1］于加朋．课程设计与开发［M］．北京：北京大学出版社．2013．

［2］孙波．最佳实践萃取［M］．江苏：人民出版社．2017．

［3］悦扬，李殿波，余雪梅．企业经验萃取与案例开发［M］．北京：电子工业出版社．2017．

［4］邱伟．BEST高能经验萃取［M］．北京：电子工业出版社．2020

［5］王兴权．萃取技术［M］．北京：中华工商联合出版社．2017．

［6］［美］吉姆·威廉姆斯，史蒂芬·罗．学习路径图［M］．南京：南京大学出版社．2010．

［7］向永康．学习地图的理论与实践［M］．北京：华夏出版社有限公司．2020．

［7］何欣．重新定义培训［M］．北京：中国法制出版社．2018．

［8］北森人才管理研究院．人才盘点完全应用手册［M］．北京：机械工业出版社．2019．

［9］王茂林，刘秉镰．物流企业知识地图构建研究［J］．科技进步与对策．2010年05期．

后 记

《培训经理枕边书》分为上册《开发一门场景化课程》与下册《绘制关键岗位学习地图》，到此已经完成了本册的全部内容。在培训行业摸爬滚打近20年，编写这两本书的初衷就是希望将过往的经验、教训整理成册，希望能给同行业的伙伴提供正向的参考，或是作为可分析的文字资料，只要能为组织培训的发展前进提供一丝借鉴，也就没有遗憾了。

感谢企业培训行业中的专业人士，书中所呈现的各种模型、工具以及大大小小的案例均来自两百余家企业的实际项目，或者经过归纳总结，或者通过脱敏处理后的提炼。这些企业无论是世界500强还是国内500强，或者某个细分领域的前三甲，他们有一个共性——都是各个行业的引领者，并且在良好经营的基础上都非常重视培训工作，都设有专门的培训部门。在这个庞大的培训管理队伍中有非常多的专业人士，他们提出了组织培训中所需要解决的问题，更给出了诸多意见与建议，在此一并感谢他们的激励与鞭策。

最后，引用陆游的一首诗作为本书的结语：

古人学问无遗力，少壮工夫老始成。

纸上得来终觉浅，绝知此事要躬行。

向古人学习，活到老学到老。学习知识固然重要，但是不断实践才是求知的最佳途径。须知，只有能够转化为能力的知识才是力量，我愿和大家共勉。

作者

2023年8月16日